Grundlagen der Kommunikation

1.1 Begriffsbestimmung

Unter **Rhetorik** versteht der Duden die „Wissenschaft von der kunstmäßigen Gestaltung öffentlicher Reden". Nach dieser Definition ist die Kunst der Rhetorik auf die **öffentliche Rede** vor Publikum ausgerichtet. Sicherlich war diese Form in früheren Jahrhunderten die exemplarische Situation, in der die Redner ihre **Redekunst** einsetzten, um für sich zu werben oder andere Menschen zu überzeugen und zu beeinflussen. Heute besteht der gesamte private und berufliche Alltag aus öffentlichen Redesituationen. **Besprechungen** im Betrieb, Austausch mit Kollegen, **Verhandlungen**, Elternsitzungen, **Diskussionen** mit dem Partner: Überall wird mittlerweile eine hohe **Redegewandtheit** vorausgesetzt. Daher ist die Rhetorik längst die Wissenschaft von der kunstmäßigen und vor allem zweckmäßigen Gestaltung aller anfallenden Redesituationen geworden.

Bedingungen rhetorischer Kommunikation

Rhetorisches Sprechen zielt immer darauf ab, den anderen – den Zuhörer, Gegner, Unbeteiligten – dazu zu bringen, etwas zu tun oder zu denken, von dem er vorher nicht dachte, dass er das einmal tun oder denken könnte. Zu kompliziert?

Ein Beispiel: Ein Redner steht beim Betriebsfest am Buffet und erzählt, dass für ihn die wichtigste Erfindung der Menschheit die Salatschleuder ist. Er hat sich eine gekauft und ist seit dieser Zeit davon überzeugt. Seine Schwärmerei, sein geschicktes Auftreten, seine Art, witzig zu erzählen, könnte dazu führen, dass sich der eine oder andere (der nie auf die Idee gekommen wäre, eine Salatschleuder zu erwerben), dieses Gespräch merkt. Stellen wir uns nun vor, dass der Zuhörer eine Salatschleuder im Geschäft sieht und denkt: Schau mal, das Ding meinte er also! Oder aber er kauft die Salatschleuder sogar, nach dem Motto: Das kann man ja mal ausprobieren.

Rhetorisches Handeln

In beiden Fällen ist es dem Redner gelungen, **rhetorisches Handeln** auszulösen. Im ersten Fall handelte es sich um

■ **mentales (geistiges) Handeln.** Der Hörer hat seine ursprüngliche Wahrnehmung verändert, denn früher wäre ihm das Produkt nie aufgefallen.

Im zweiten Fall handelt es sich um

■ **reales Handeln.** Der Hörer ist der Empfehlung gefolgt und hat das Produkt gekauft.

Hat der Redner diesen Effekt aufgrund seiner rhetorischen Fähigkeiten erzielt, hat er rhetorisches Handeln ausgelöst. Gelingt ihm das häufiger, ist er ein guter Redner.

Rhetorische Kommunikation

Was muss der gute Redner beachten, damit das Auslösen rhetorischen Handelns kein Zufallsprodukt ist? Er muss seinen Redebeitrag in Sekundenbruchteilen nach bestimmten Kriterien vorbereiten. Wissenschaftlich ausgedrückt: **Rhetorische Kommunikation** ist ein Prozess, in dem geplant, zielgerichtet, hörerbezogen, Sinn vermittelnd mentales oder reales Handeln ausgelöst wird. (vgl. Geißner, 1981).

Nehmen wir zur Verdeutlichung ein Alltagsbeispiel. Es ist laut. Herr Müller möchte, dass Herr Meier die Fenster im Besprechungsraum schließt. Bevor er spricht, sind folgende Überlegungen notwendig:

■ **Geplant** bedeutet, dass sich Herr Müller über die Gegebenheiten im Klaren sein muss. Sind die Fenster wirklich auf, oder ist das Außengeräusch so hoch, dass der Eindruck entstehen kann, die Fenster wären offen? Wie viel Zeit kostet es, die Fenster zu schließen? Könnte das Schließen stören? Ist Herr Meier nahe genug am Fenster, so dass es kein Problem ist, ihn kurzzeitig von der Besprechung abzukommandieren? Oder ist Herr Meier dann zu lange weg? Dann wäre die Aufforderung: „Herr Meier, bitte sorgen Sie doch dafür, dass die Fenster geschlossen werden" vielleicht sinnvoller. Planung bedeutet aber auch, dass je nach eigener Zielvorstellung sowie des Umfelds und Adressaten der Botschaft andere Worte zu wählen sind. Die Planung steht daher allen anderen Kategorien voran.

■ **Zielgerichtet** heißt, dass Herr Müller, bevor er zu Sprechen beginnt, überlegen muss, welches Ziel er hat. Soll das Fenster geschlossen werden, um den Lärm auszuschalten? Vielleicht wäre es sinnvoller, die Lärmquelle abzustellen. Bieten die Fenster überhaupt einen Schallschutz? Soll das Fenster leise, laut, ordentlich geschlossen werden? Dann muss sich das in den Worten widerspiegeln. Sollen alle Fenster geschlossen werden oder nur einige? Sollen die Fenster und die Gardinen geschlossen werden? Ist die Aufforderung die Chance, auf den katastrophalen Zustand der Fenster im Raum hinzuweisen, ohne den Chef direkt darauf anzusprechen? Wie lässt sich dieses Ziel formulieren?

■ **Hörerbezogen** meint, dass sich der Redner mit seiner Wortwahl, der Körpersprache und der Sprechweise auf den Adressaten einstellen muss. Ist Herr Meier sensibel, ist eine höfliche, zartfühlende Sprechweise angebracht. Ist Herr Meier der kumpelhafte Machertyp, reicht eventuell ein zackiges: Meier, die Fenster, Sie wissen schon!

Erfolgreich verhandeln

Rhetorik 2

Almut Neumann / Katja Anne Dittmar

Erfolgreich verhandeln - Rhetorik 2

Autoren:
Dr. Almut Neumann
Geprüfte Sprecherzieherin (DGSS)
Freie Dozentin in Frankfurt a.M. und Hamburg

Katja Anne Dittmar
Dozentin für soziale Kompetenzen, Mitglied des Prüfungsausschusses der IHK Nord Westfalen,
Inhaberin der Dittmar & Lange Personalentwicklung

Fachlektorat:
Nicole A. Schmölz, Dipl.-Pädagogin, Betriebswirtin
Dozentin in der Erwachsenenbildung
Lehrbeauftragte der BA Karlsruhe, BA Riesa und FH Hannover
Zert. NLP-Lehrtrainerin (DVNLP)

Herausgeber:
Annette Trossehl
Studienleiterin für Berufliche Bildung und EDV, Natur und Technik an der VHS Hagen

Udo Schneidereit
epz Xpert PBS des Landesverbandes der Volkshochschulen von Nordrhein-Westfalen e.V.

1. Auflage, Druckversion vom 07.04.2011, POD-1.1

Redaktion: Ralf Schlötel, Dipl.-Ing.

Layout, Satz und Druck: Educational Consulting GmbH, Ilmenau
Printed in Germany

Umschlaggestaltung: Educational Consulting GmbH, Ilmenau

Bildquelle: shutterstock.com. Shutterstock Images LLC
Illustrationen von Sven Palmowski

Internetadresse: http://www.edumedia.de

ISBN 978-3-86718-**081**-8

Inhaltsverzeichnis

■ **Sinn vermittelnd** besagt, dass die Worte auf ihren Gehalt und ihre Eindeutigkeit überprüft werden müssen. Sagt Herr Müller während der Firmenpräsentation zu seinem Mitarbeiter Meier, der den Computer bedient: „Herr Meier, machen Sie um Gottes willen das Fenster zu", kann dieser möglicherweise die externe Tabelle in der Präsentation schließen und hätte richtig gehandelt. Je klarer und eindeutiger formuliert wird, desto weniger Missverständnisse kann es geben und desto einfacher ist die Handlung.

Fazit: Diese Grundbedingungen zeigen, dass rhetorische Kommunikation ein sehr bewusster Prozess ist, der viel Arbeit voraussetzt und mit „Reden aus dem Bauch heraus" nichts zu tun hat.

1.2 Botschaftengeflecht

Neben den möglicherweise ungleichen Absichten und Intentionen der Gesprächspartner, wird die Verständigung auch durch unterschiedliche Botschaften erschwert. So werden häufig die gleichen Worte auf verschiedene Weise interpretiert und es kommt zu Missverständnissen. Die einfachste Kategorisierung erfolgt durch die Trennung zwischen Sach- und Beziehungsebene. Die Sachebene beinhaltet Fakten, Sachinformationen, Gegenständliches. Die Beziehungsebene beinhaltet alles, was dem Bereich der Gefühle und des Zwischenmenschlichen zuzuordnen ist. Ein Beispiel: Wenn sich ein CSU-Politiker und ein Politiker der Grünen treffen und über den Wald reden, ohne ihre Parteizugehörigkeit zu erwähnen, werden sie sich sicherlich sehr gut verstehen, denn beide Parteien sind dem Wald eng verbunden. Kennen sie aber die Parteizugehörigkeit des anderen, werden sie sicherlich anders miteinander umgehen. In besten Fall werden sie sich vorsichtiger und im schlimmsten Fall werden sie sich überhaupt nicht mehr verstehen.

Karl Bühler (1934): Das Organon-Modell

Grundlegend für die Analyse der sprachlichen Botschaften ist das Organon-Modell von Karl Bühler (Bühler, 1934).

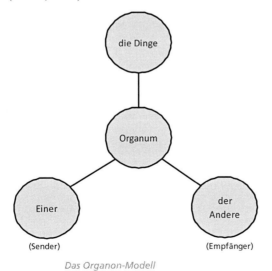

Das Organon-Modell

Bühler unterscheidet zwischen der Sachebene (die Dinge), der Ebene des Sprechers (Einer) und der Beziehungsebene (der Andere). Das Organon-Modell ist in der Folge verändert und erweitert worden, u.a. von Friedemann Schulz von Thun.

Schulz von Thun (1983): Die vier Seiten einer Nachricht

Schulz von Thun erweitert das Bühler'sche Modell auf vier Ebenen: Die Sachebene, die Selbstoffenbarungsebene (später nennt von Thun diese Ebene Selbstkundgabe), die Ebene der Handlungsaufforderung und die Apellebene. Formuliere ich gegenüber meinem Partner den Satz: „Sport ist gesund", so beinhaltet er folgende Aussagen:

- Sachebene: Es geht um Sport und es geht um Gesundheit. Sport und Gesundheit stehen in enger Beziehung zueinander.

- Selbstoffenbarung: Gesundheit nimmt in meinem Denken einen hohen Stellenwert ein. Ich mache Sport. Ich tue etwas für mein Wohlbefinden. Die Selbstkundgabe verweist auf den Umstand, dass der Sprecher immer auch etwas über sich selbst aussagt, wenn er einen Satz spricht.

- Beziehungsebene: Mit Sport würdest Du viel gesünder leben. Du hast Sport nötig.

- Apellebene: Du solltest Sport machen.

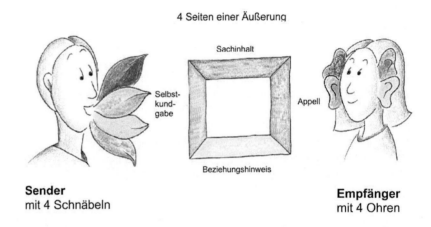

Die vier Seiten einer Nachricht

Schulz von Thun betrachtet aber nicht nur die Seite des Sprechers. Er überträgt die verschienenen Ebenen auch auf die Seite des Hörers. Diese Konzeption wird in der Weiterbildung umgangssprachlich als „Die Vier Ohren von Schulz von Thun" bezeichnet.

Nehmen wir noch einmal den Satz: „Sport ist gesund." Mein Partner könnte nun Folgendes heraushören:

- Sachebene: Ich habe eine interessante Information erhalten, nämlich dass Sport gesund ist;

- Beziehungsebene: Aha, sie spielt wieder auf mein Gewicht an;

- Appellebene: Warum will sie mich immer dazu bringen, ins Fitness-Studio zu gehen?

- Selbstoffenbarungsebene: Ich habe ein schlechtes Gewissen, weil ich selber zu wenig Sport mache.

Die Konzeption von Schulz von Thun ist sehr beliebt und kann interessante Erkenntnisse liefern. Für Menschen, die in einer Reklamationsabteilung arbeiten, ist es zum Beispiel hilfreich, wenn sie erkennen, dass sie Dinge auf sich beziehen (Beziehungsebene), die vielleicht gar nicht für sie bestimmt sind.

- Kunden sagen z.B. gerne: Sie haben mir das Produkt nicht pünktlich geliefert. Ich werde Sie verklagen, den Verlust trage ich nicht allein.

- In diesem Fall meint der Kunde eigentlich das Unternehmen und nicht die Person am Telefon. Schimpft er aber allgemein auf das Unternehmen, ist der Protest zu abstrakt. Daher wird die Mitarbeiterin in der Reklamationsabteilung sprachlich zur alleine haftenden Person.

- Hört die Mitarbeiterin die Aussage nur auf der Beziehungsebene, so kann sie nur sagen: Ich bin nicht schuld, warum schreien sie mich so an, was kann ich denn dafür?! Ergebnis: Das Gespräch eskaliert.

- Hört die Mitarbeiterin dagegen die Sachbotschaft, die lautet: „Hier ist etwas gründlich schief gegangen. Daher ist der Kunde ärgerlich", so kann sie sagen: „Oh je, das ist ja schlimm. Erzählen Sie doch bitte einmal genau, was passiert ist, damit ich herausfinden kann, woran es lag und wie wir den Schaden begrenzen können". Sie baut dann auf der Sachebene eine neue Beziehungsebene auf.

Sachlichkeit

Professionell ist es, sich die Beziehungsebene immer bewusst zu machen und bewusst ein- oder auszuklammern. Das bedeutet, dass man sich nicht mehr von Vorurteilen, Sympathie und Antipathie lenken lässt und selbst Auseinandersetzungen schnell wieder vergisst, um weiterhin zielgerichtet kommunizieren zu können. Das Konzept von Schulz von Thun, das in den siebziger Jahren für den psychologisch-therapeutischen Bereich entwickelt wurde und vor allem die Authentizität des Sprechers betont, sollte im betrieblichen Rahmen vor allem zur Bewusstmachung von Gesprächsprozessen dienen. Ein Unternehmen kann es sich nicht leisten, wenn die Verkäufer und Verkäuferinnen ihre Gefühle in den Vordergrund stellen und die Kunden z.B. nach Sympathie oder nach ihrem Aussehen beurteilen. Genauso problematisch sind auch Kommunikationssituationen, in denen die Beteiligten ihre persönlichen Befindlichkeiten einbringen und Außenstehende damit belasten. Hier bietet sich das Bühlersche/von Thunsche Modell zur Analyse in Konfliktsituationen an. Auch wenn der  Mensch natürlich von gefühlsmäßigen Einflüssen nie ganz frei ist, kann man lernen, auf einer gleichbleibend freundlichen, unverbindlichen Ebene zueinander zu finden. Ich bezeichne dies als „funktionalisierte Beziehungsebene". Die Amerikaner machen uns das vor, wenn sie Freundschaften pflegen, die nur solange dauern wie das Geschäft oder die Zugehörigkeit zu einer bestimmten Funktion. Auch wenn vielen derartige Kommunikationsformen als nicht erstrebenswert erscheinen, so ist eine derartige Umgangsweise entlastend. Die Kommunikation wird versachlicht, Anbiederung vermieden und Privatgespräche, die später gegen einen verwendet werden können, minimiert. Wer einmal mit einer Kollegin oder einem Kollegen eng befreundet war und nach einem Streit plötzlich „verraten" wurde, weiß diese Distanz zu schätzen. Für die privaten Belange sollte man Freunde haben. Geschäftspartner oder Kollegen eignen sich dafür nur unter Vorbehalt.

1.3 Rhetorische Wirkungsmittel

1.3.1 Vorbemerkung

Das Ziel rhetorischer Kommunikation, Handeln auszulösen, kann nur erreicht werden, wenn der Sprecher nicht nur die Planung, sondern auch die Durchführung bewusst steuert. Die Durchführung wird durch die **rhetorischen Wirkungsmittel** bestimmt, die in folgende Ebenen unterteilt werden: In die ...

■ **Sprachliche Ebene:** Satzbau, Satzlänge, Wortschatz u. ä.

■ **Sprecherische Ebene:** Tonhöhe, Geschwindigkeit, Lautstärke, Pausen usw.

■ **Körpersprachliche Ebene:** Mimik, Gestik, Körperhaltung

Je besser der Redner diese Merkmale inhaltsgerecht einsetzen kann, desto eher gilt er als „guter Redner". Überlagern diese Ebenen jedoch den Inhalt und das Gesagte, indem sie den Zuhörer ablenken, wird der Redner scheitern. Dabei sollte jedoch Folgendes nicht vergessen werden:

Die Möglichkeiten eines Sprechers, die Wirkungsmittel optimal einzusetzen, können durch biologische Gegebenheiten (**Stimmfrequenz**, Körperbau u. ä.), durch Sozialisation (**Sprachvermögen, Wortschatz** u. ä.) oder durch Krankheit eingeschränkt sein (Sprechstörungen nach einem Schlaganfall). Daher sollte man vorsichtig sein, vom äußeren Eindruck her Rückschlüsse auf die inhaltliche Kompetenz zu ziehen. Das gilt aber auch bei geschulten, routinierten, geradezu vorbildlichen Rednern. Nicht wenige sind Blender, die durch ihr Auftreten den mangelhaften Inhalt verbergen.

1.3.2 Sprachliche Ebene

Die **sprachliche Ebene** sollte möglichst einfach gehalten werden. Schriftdeutsch gehört zur geschriebenen Sprache. Unterhalten sollte man sich immer in gesprochener Sprache. Die Grundregeln sind:

■ kurze Sätze

■ **Hauptsätze** mit höchstens einem Nebensatz

■ statt eingefügter Nebensätze zwei Hauptsätze

■ Abkürzungen vermeiden oder erklären (anschreiben)

■ einfache Wortwahl

■ Fachwörter nur für ein Fachpublikum, sonst vermeiden

■ Fremdwörter und Füllwörter („eigentlich", vielleicht", „ääh") vermeiden

■ **Verbalstil**, d. h. viele Verben und Adjektive verwenden

■ **bildhaft sprechen**, Beispiele machen

■ Wiederholungen und Aufzählungen

■ Nur einen Aspekt pro Beitrag formulieren

■ Die Interessen des Gesprächspartners berücksichtigen

■ Worte im Raum stehen lassen

Der Laut „ääähm" ist sicherlich der störendste Laut, der auf der Sprachebene formuliert wird. Daher die Bitte an alle „Äähm"-Sprecher: Machen Sie stattdessen eine Pause, der Hörer wird es Ihnen danken.

1.3.3 Sprecherische Ebene

Die sprecherischen Ausdrucksmittel, das heißt, der Einsatz von **Stimme** und **Sprechweise**, entscheiden darüber, wie die Worte aufgenommen werden. Wenn ich sage: „Bist du nett?" ist das ein völlig anderer Satz, als wenn ich sage: „Bist Du nett!". Wenn der Redner in Rekordtempo Arbeitsanweisungen gibt, braucht er sich nicht zu wundern, wenn die Hälfte des Gesagten nicht verstanden wird. Und wer nie Pausen macht, sondern ohne Punkt und Komma redet, wird sicherlich kaum die Zuhörer begeistern.

Das bedeutet, dass die sprecherischen Ausdrucksmittel der Situation und dem Inhalt angepasst werden sollten. Das gelingt aber nur Rednern, die gelernt haben, die ihnen zur Verfügung stehenden Mittel zu nutzen. Die meisten Menschen haben nämlich einen recht guten Instinkt, wie etwas zu betonen ist, wenn sie frei sprechen.

Sobald sie dagegen vor Publikum oder in einer größeren Gruppe reden müssen, verkrampfen sie sich oder lesen ab. Und schon wird das Gesagte monoton und fade. Daher ist es wichtig, zu lernen, frei zu sprechen.

Sprecherische Ausdrucksmittel sind:

- Lautstärke
- Deutlichkeit
- Geschwindigkeit
- **Betonungen**
- Melodieführung
- **Pausen** machen
- Stimmklang
- Tonhöhe

Auch der Einsatz der richtigen Atemtechnik gehört zur sprecherischen Ebene. Wer keine Luft mehr bekommt oder zwischen den Worten hörbar einatmet, stört die Zuhörer stark in ihrem Befinden. Dabei unterscheidet man zwischen einer Hoch- und einer Bauch- oder auch Zwerchfellatmung.

Vielleicht kennen Sie das? Sie sind beim Arzt und sollen einige Male tief einatmen. Sie atmen viel Luft durch den Mund ein, die Schultern gehen hoch. Nach kurzer Zeit sind Sie dabei schon aus der Puste, obwohl Sie sich nicht angestrengt haben. Diese Atmung ist die so genannte Hochatmung. Die Lungen dehnen sich bei dieser Atmung hauptsächlich im oberen Bereich des Brustkorbes aus, die Lungenflügel werden nur im oberen Bereich mit Luft gefüllt. Das führt gerade bei Anspannung zu einer Kurzatmigkeit.

Die Bauch- oder Zwerchfellatmung ist eine bewusste Tiefenatmung. Hierbei wird das Zwerchfell abgesenkt, die Luft strömt durch die Nase in den unteren Bereich der Lungenflügel, der Bauch hebt sich merklich.

Arbeitsanregung:

Versuchen Sie einmal konzentriert eine Zwerchfellatmung.
Stellen Sie sich mit den Beinen schulterbreit hin, die Knie nicht durchgedrückt und legen Sie die Hände locker auf den Bauch. Atmen Sie nun durch die Nase ein und versuchen Sie, in den Bauch hineinzuatmen, so dass sich der Bauch merklich hebt. Halten Sie die Luft an und atmen dann über den Mund wieder aus. Wiederholen Sie die Übung.

....

....

....

1.3.4 Körpersprachliche Ebene

Arbeitsanregung:

Stellen Sie sich einige Personen aus dem öffentlichen Leben vor und überlegen, ob die Personen sicher, souverän, ungeschickt oder hektisch wirken.
Überlegen Sie im nächsten Schritt, welche körpersprachlichen Merkmale Ihnen auffallen. Was machen die Personen mit ihren Händen, ihrem Kopf, ihren Augen?
Was würde sicherer oder unsicherer wirken?

....

....

....

Die körpersprachliche Ebene bezieht sich auf das von außen Sichtbare. Sie ist sozusagen die „Visitenkarte" einer Person. Die **Körpersprache** soll das Gesagte unterstreichen und nicht vom Gesagten ablenken. Folgende Regeln sind zu beachten:

- Blickkontakt zum Gesprächspartner

- Sichere Körperhaltung

- Offene Gestik

- Gute Orientierung im Raum

Blickkontakt zum Gesprächspartner

Kommunikation beginnt und endet mit dem Blickkontakt. Schon Schüler wissen das: Wenn sie vom Lehrer nach den Hausaufgaben gefragt werden, schauen Schüler instinktiv nach unten, wenn sie nicht drankommen wollen.

Möchte ich einen Gesprächspartner überzeugen, muss ich den Blickkontakt zu ihm wahren. An seiner körpersprachlichen Reaktion kann ich Zweifel, Unverständnis aber auch Zustimmung und Begeisterung sehen. Schaue ich den Gesprächspartner nicht an, bleibt mir dieses Feedback verwehrt. Dabei gibt es keine feste Zeit, die ich einhalten muss. Warten Sie, bis der Blick zu Ihnen zurückkommt; bis Sie sehen, dass der Gesprächspartner auch Sie angesehen hat, dann können Sie den Blickkontakt kurzfristig wieder lösen.

Sichere Körperhaltung

Auch die Körperhaltung trägt zum Erfolg einer Gesprächssituation bei. Sitzen Sie in einem Meeting auf Ihren Händen, lehnen sich demonstrativ zurück oder sitzen auf der Kante der Sitzfläche, zur Flucht bereit, vermitteln Sie nicht den Eindruck eines souveränen, kommunikativen Gesprächspartners.

Für die gute Körperhaltung im Sitzen gilt: Sie sitzen auf der gesamten Sitzfläche des Stuhles, allerdings ohne sich anzulehnen, mindestens ein Fuß hat vollständigen Bodenkontakt, die Hände befinden sich für den Gesprächspartner in einem sichtbaren Bereich.

Bei all diesen Anweisungen müssen Sie sich in Ihrer Haltung immer noch wohl fühlen, wenn nicht, korrigieren Sie Ihre Sitzhaltung.

Für die gute Körperhaltung im Stehen gilt: Sie stehen mit den Beinen etwa hüftbreit bzw. schulterbreit auseinander, das Gewicht möglichst auf beiden Beinen gleichmäßig verteilt. Die Arme sind leicht angewinkelt, die Hände befinden sich zwischen Brust und Hüfte. Mit einer Kartei- oder Moderationskarte oder einem Stift lassen sich die Hände ganz einfach in diesem Bereich positionieren.

Sowohl die Sitz- als auch die Stehhaltung sind nur Grundhaltungen. Natürlich dürfen Sie sich bewegen, andere Haltungen einnehmen und von den Grundpositionen abweichen. Aber wenn eine Situation schwierig wird, Sie nervös sind oder merken, dass Ihnen die Situation entgleitet, hilft es, sich mit Hilfe einer guten Körperhaltung wieder zu stabilisieren.

Arbeitsanregung:

Stellen Sie sich vor, Sie befinden sich in einer Verhandlung. Setzen Sie in einer optimalen Sitzposition an einen Tisch. Die Hände in einem sichtbaren Bereich am Tisch, mindestens ein Fuß hat Bodenkontakt. Gehen Sie nun demonstrativ mit dem gesamten Körper und mit dem Stuhl vom Tisch weg. Wie verändert sich Ihre eignen Stimmung? Sind Sie noch an der Verhandlung beteiligt?

....

....

....

Offene Gestik

Jeder Mensch gestikuliert anders, sowohl das Temperament, die Erfahrung aber auch das Thema, der Gesprächspartner oder die Umgebung beeinflussen meine Gestik. Viele Gesten sind z.B. von den Eltern adaptiert, andere haben den Grundstein in unserer Kultur wie z.B. beim Gähnen die Hand vor dem Mund oder das Hände schütteln und wieder andere haben wir uns mit Hilfe unserer positiven Erfahrung antrainiert. Natürlich geht es nicht darum, wie ein Schauspieler einstudierte Gesten in einem Gespräch abzurufen. Andererseits möchten Sie vielleicht unbeabsichtigte negative Botschaften verhindern. Darum gilt: Lassen Sie Ihre Hände wenn möglich aus dem Gesicht. Zeigen Sie Ihrem Gesprächspartner Ihre Hände, vorzugsweise die Handinnenflächen. Gestikulieren Sie nicht mit dem Zeigefinger, sondern zeigen Sie lieber mit der offenen Hand.

Arbeitsanregung:

Analysieren Sie Ihren Nachbarn oder Ihre Nachbarin zur Rechten.

◆ Welche Gesten sind Ihnen aufgefallen?

Das hat mir gut gefallen	Das hat mir nicht so gut gefallen	Das kann ich nicht einordnen

---

Gute Orientierung im Raum

Auch die Position im Raum bzw. die Position zum Gesprächspartner gehört zu der Körpersprache. Hierbei sollten Sie dem Gesprächspartner mit dem Oberkörper zugewandt sein, dadurch signalisieren Sie Interesse. Zudem hat es sich bewährt, am Tisch eine Über-Eck-Position mit dem Gesprächspartner einzunehmen. Damit sitzen sie nicht mehr gegenüber sondern eher auf der gleichen Seite.

Begeben Sie sich immer auf die gleiche Höhe wie Ihr Gesprächspartner. Sitzt Ihr Gesprächspartner, sollten Sie auch sitzen, steht er sollten auch Sie stehen. Damit sind Sie im Gespräch auf einer "Augenhöhe".

Arbeitsanregung:

Setzen Sie sich vor eine Kamera und schauen Sie in die Linse. Das Kamerabild sollte auf einem Kontrollbildschirm in Kamerahöhe sichtbar sein. Setzen Sie sich jetzt so hin, wie Sie immer in Gesprächen sitzen. Probieren Sie verschiedene Haltungen aus. Überprüfen Sie zusammen mit den anderen Teilnehmern, welche Körperhaltungen am kompetentesten oder am souveränsten wirken und am besten zu Ihnen passen. Lachen Sie zwischendrin auch einmal und nehmen Sie nicht alles so ernst. Haben Sie eine passende Haltung gefunden, üben Sie diese zu Hause vor dem Spiegel ein.

Zu vermeiden ist eine Körpersprache, die vom Gesagten ablenkt. Geräusche, z. B. das Zittern des Konzeptpapiers oder das Klacken eines Kugelschreibers, werden die Hörerkonzentration nicht unbedingt auf den Vortrag über Sicherheitsbestimmungen im Betrieb lenken. Auch hektisches Herumlaufen oder „Hula-Hula-Kreisen" mit der Hüfte, kann ablenken. Leider lässt sich Nervosität unter Lampenfiebereinfluss nicht steuern. Daher sollte man seine Körpersprache von Zeit zu Zeit überprüfen und sich von Freunden und Kollegen Tipps und Hilfestellungen geben lassen.

Alle rhetorischen Wirkungsmittel sind aber letztlich abhängig von dem **Hörer** bzw. der **Situation**. Arbeitet jemand in einem Betrieb, in dem alle ganz locker miteinander umgehen, kann man natürlich in einer Diskussion eine andere Wortwahl, Sprechweise und Körpersprache an den Tag legen, als wenn er in einer Bank arbeitet. Spricht jemand nur mit Freunden und Bekannten, kann er sich natürlicher und authentischer geben, als wenn er eine Funktion auf internationaler Ebene hat. Die rhetorischen Wirkungsmittel müssen eben rhetorisch bewusst eingesetzt werden, um das gewünschte Handeln auszulösen!

Arbeitsanregung:

Stellen Sie sich drei Personen aus Ihrem Umfeld vor. Suchen Sie sich eine Person, die Sie sehr angenehm finden, eine, die Sie sehr unangenehm finden und eine, die Sie als unauffällig bezeichnen würden.

◆ Notieren Sie sich körpersprachliche Eigenheiten dieser Personen:

sympathisch	mittel	unsympathisch

Methoden der Gesprächsführung

2

2.1 Einleitung

Ein Gespräch zu führen ist nicht schwer. Man redet einfach drauflos. Manchmal hat das Gespräch Regeln, meistens aber nicht. Man erfährt von anderen interessante oder völlig uninteressante Dinge. Manchmal hört man zu, manchmal nicht. Wenn man das eigene Anliegen erzählt, hat man den Eindruck, dass die Beiträge keinen so richtig interessieren, in anderen Fällen hängen alle an den Lippen. Das kann sich aber auch schnell wieder ändern. Manchmal redet man alleine, manchmal reden jedoch drei oder vier Menschen gleichzeitig. Sind das erfolgreiche Gespräche?

Das kommt ganz darauf an. Auf einer Party oder auf einem Familienfest durchaus. Da kommt es nicht auf **Effektivität** an, sondern das Gespräch soll Spaß machen, dient der Unterhaltung. Im betrieblichen Kontext müssen Gespräche dagegen generell erfolgreich und hörerbezogen sein, vor allem, wenn man einen wichtigen Vorschlag zu machen hat oder eine Veränderung herbeiführen muss. Damit derartige Gespräche erfolgreicher verlaufen, gibt es Regeln, die dafür sorgen, dass Gespräche organisiert und gesteuert werden. Man bezeichnet dies als **Gesprächsführung**.

2.2 Aktives Zuhören

Sprechen und Zuhören bilden eine untrennbare Einheit. Viele Menschen denken, dass Ihnen der rhetorische Erfolg sicher ist, wenn sie sich nur richtig ausdrücken können, gute Argumente zur Verfügung haben oder sich richtig darstellen. Tatsächlich beginnt Sprechen jedoch mit Zuhören. Was nützen mir die besten Argumente, wenn sie zu den vorangegangenen Beiträgen gar nicht passen? Was nützen mir meine sprachlichen Fähigkeiten, wenn ich dem anderen das Gefühl gebe, überflüssig zu sein, da ich dessen Anregungen und Ideen nicht berücksichtige? Und was nützen mir meine Äußerungen, wenn mein Gesprächspartner nicht zuhört? Die Antwort ist klar: Nichts.

Unfreiwilliges Selbstgespräch

Wer sprechen lernen will, muss zuhören lernen. „Reden ist Silber, Schweigen ist Gold." Nicht umsonst bewertet der Volksmund das Schweigen hoch. Wer zuhört, erfährt Neues. Wer Neues erfährt, lernt dazu. Wer dazulernt, vermeidet Fehler, die durch unnützes Geschwätz entstehen können.

Zuhören erfordert ein hohes Maß an Konzentration. Ich treffe immer wieder Menschen, die erzählen, sie würden den Politiker nicht mehr zuhören, da diese sowieso nichts sagen. Dies ist in vielen Fällen eine Schutzbehauptung. Politiker sagen etwas. Sie sagen es nur eben nicht offen, klar und deutlich, damit sie nicht missverstanden oder auf eine strategisch ungünstige Meinung festgelegt werden. Man muss daher besonders gut hinhören, um zu begreifen, was verschwiegen oder verschleiert werden soll.

Aufgrund der alltäglichen Reizüberflutung fällt es vielen Menschen aber immer schwerer, sich auf Redebeiträge zu konzentrieren oder sich gar die gesprochenen Informationen zu merken. Wie oft unterhält man sich, während das Radio läuft, wie oft telefoniert man, während Kollegen im Raum sich besprechen oder unterhält sich mit Freunden, während der Fernseher läuft. Haben Sie gestern Nachrichten, z. B. die Tagesschau, gesehen? Oder eine andere informative Sendung? Versuchen Sie einmal zu rekonstruieren, was bzw. wen bzw. welche Beiträge Sie gesehen haben. Viele von Ihnen werden merken, dass Sie nur wenige Informationen behalten haben, obwohl ja immerhin noch optische Reize geboten wurden. Ich habe einmal an einer Marktforschung teilgenommen. Wir wurden gebeten, eine Vorabendserie zu beurteilen, die im Fernsehen lief. Dazwischen liefen zwei Werbeblöcke. Zwei Wochen später rief eine Mitarbeiterin an und fragte mich nach der Anzahl der Werbeeinblendungen und den gezeigten Marken. Ich konnte mich nur noch an einen Spot erinnern.

Hören und Verstehen

Differenziert werden muss zwischen Hören, Zuhören, Verstehen und Merken (Geißner 1981). Hören ist die Aufnahme von Geräuschen, Tönen, Wortklang etc. Das Ohr ist das einzige menschliche Sinnesorgan, welches immer aktiv ist. Auch im Schlaf hören wir weiter und werden von leisen Geräuschen (Einbrecher) leichter geweckt als von lauten (Gewitter). Läuft im Hintergrund ein Radio oder dringt Verkehrslärm in ein Zimmer, so wird dies ebenfalls gehört. Hat man sich jedoch an diese Geräuschkulisse gewöhnt, so wird sie zwar gehört, aber nicht mehr bewusst wahrgenommen.

Auch in Gesprächen gibt es Phasen, in denen man nur hört. Jugendliche beschreiben diesen Moment gerne als „Die Ohren auf Durchzug stellen, wenn die Eltern reden". Es wird nur noch die Geräuschkulisse wahrgenommen, nicht mehr die Inhalte.

Zuhören ist dagegen eine Tätigkeit, die gleichzeitig Verstehen beinhaltet. Gehe ich in die Oper oder in ein Rockkonzert, so höre ich zu. Denn ich will keinen Ton der Musik verpassen. Erzählt mir der Gesprächspartner etwas Wichtiges, dann höre ich ebenfalls zu, damit ich mir alles merken kann. Die Kunst ist nun, auch dann zuzuhören, wenn etwas nicht so interessant scheint. Ein gut geschulter Redner hört immer zu. Denn wer kann sofort entscheiden, welche Informationen wichtig sind und welche nicht? Oft stellt sich erst im Nachhinein heraus, wie brisant eine Information ist. Nämlich wenn einem zusätzliche Informationen helfen, die Informationen richtig einzuordnen.

Zuhören ist daher die Fähigkeit, die eigenen Gedanken zurückzustellen und auf Bewertungen zu verzichten. Zuhören ist das Bemühen, die Worte des anderen bewusst aufzunehmen und bei Unklarheiten nachzufragen, bis das Gesagte verstanden ist. Erst wenn dieser Prozess abgeschlossen ist, sollte der Hörer reden.

Kommunikation

Die Realität ist aber häufig eine andere. Nennen wir die beiden Gesprächspartner Anna und Mark. Anna erzählt etwas und Mark ist begeistert. Er denkt sofort an ein Urlaubserlebnis in Sydney und wartet unter stürmischem Kopfnicken ungeduldig, dass Anna endlich ihren Beitrag beendet, damit er erzählen kann. Anna leitet nun langsam aber sicher auf einen anderen Aspekt über, so dass Mark krampfhaft überlegt, wie er jetzt noch von Sydney erzählen kann, ohne Anna zu verärgern. Anna entfernt sich aber noch weiter vom Ursprungsthema, so dass Marks Erzählung nun gar nicht mehr passt und er sich eine neue Antwort überlegen muss. Diese Antwort gibt er, nachdem Anna geendet hat. Glauben Sie, dass Mark Anna zugehört hat? Nein, er hat zwar die Worte aufgenommen, aber die ganze Zeit darüber nachgedacht, was er gleich sagen wird. Ein zentraler Bestandteil des Zuhörens ist daher auch die Fähigkeit, Redevorträge spontan planen zu können. Nämlich dann, wenn der Gesprächspartner geendet hat.

Techniken des aktiven Zuhörens

Während des aktiven Zuhörens stellt der **Zuhörer** seine eigenen Gedanken zurück und konzentriert sich auf die Denkweise des Sprechers.

Es gibt verschiedene Techniken des aktiven Zuhörens.
Hier die Wichtigsten:

- **1. Paraphrasieren:** Beim Paraphrasieren wird die Aussage des Gesprächspartners mit eigenen Worten wiederholt. Das heißt nicht, dass wortwörtlich wiederholt wird, sondern dass Sie das noch einmal aussprechen, was Sie tatsächlich verstanden haben.

Beispiel:
Aussage: "Im Dezember fahren wir wieder zu meinen Schwiegereltern!"
Paraphrasieren: "Das hört sich so an, als ob ihr häufiger dort hin fahrt?"
Stimmt nun das, was herausgehört wurde, wird der Gesprächspartner dieses bestätigen. Stimmt es nicht wird er die Aussage noch einmal neu formulieren.

- **2. Verbalisieren:** Beim Verbalisieren, werden die Gefühle, die Emotionen des Gegenübers gespiegelt. In einer Aussage schwingen fast immer Gefühle mit und manchmal ist es sinnvoll diese als Gesprächspartner noch einmal klar auszusprechen.
Beispiel:
Aussage: "Im Dezember fahren wir wieder zu meinen Schwiegereltern!"
Verbalisieren: "Du hörst dich nicht sehr begeistert an."

- **3. Nachfragen:** Beim Nachfragen erbitten Sie zu der Aussage des Gesprächspartners noch weitere Informationen.
Beispiel:
Aussage: "Im Dezember fahren wir wieder zu meinen Schwiegereltern!"
Nachfragen: "Im Dezember?" oder "Wie lange bleibt ihr denn?"
Nehmen Sie nur ein Wort aus der Aussage Ihres Gegenübers heraus, wird er Ihnen zu diesem Begriff weitere Informationen liefern. Fragen Sie nach einer neuen Information, wird er Ihnen mehr zu dem gesamten Sachverhalt erzählen.

Arbeitsanregung:

Aktives Zuhören heißt, mit eigenen Worten das zu wiederholen, was man selber verstanden hat. Versuchen Sie einmal bei den folgenden Äußerungen mit den wichtigsten Techniken aktiv zuzuhören:

Äußerung	Paraphrasieren	Verbalisieren	Nachfragen
Morgen mache ich mit meiner Familie eine Fahrradtour.			
Dienstagabends gehe ich in meinen VHS-Kurs "Kreuzknotenknüpfen".			
Am Wochenende würde ich gern mal wieder segeln.			
Nächste Woche ist ein Infoabend in der Erprobungsstufe an der Schule meines Sohnes.			
Ich bin mit Ihrer Leistung wirklich nicht zufrieden.			

Reden die Beteiligten phatisch, d. h. interessieren sie sich nur für ihre eigenen Worte, kann das Gespräch nicht erfolgreich verlaufen. Wenn man nicht weiß, was die anderen gesagt haben, kann das, was man selbst sagt, auch nicht dazu passen. Schließlich ist es dann nicht möglich, seinen Beitrag auf die Bedürfnisse der anderen abzustimmen. Gesprächsführung heißt also, aufmerksam zu sein und sich vor und während des Gespräches immer wieder zurückzunehmen und selbst zu reflektieren.

Natürlich ist die bewusste Gesprächsführung nicht einfach. Alle Beteiligten möchten das Gespräch steuern, jeder möchte sein Anliegen durchsetzen, jeder hält sein Anliegen für besonders wichtig. Daher ist es notwenig, immer wieder rhetorisch distanziert auf die anderen zu achten, um gut positioniert sich bietende Gelegenheiten zu nutzen.

Arbeitsanregung:

Bitte setzen Sie sich mit zwei anderen Teilnehmern zusammen. Sie sind A, ein anderer Teilnehmer ist B. Sie führen einen wechselseitigen Dialog zu einem frei gewählten Thema. Allerdings wird der Dialog dadurch erschwert, dass Sie Ihren Redebeitrag erst dann liefern dürfen, wenn Sie den Beitrag Ihres Gesprächspartners sinngemäß wiederholt haben. Sinngemäß bedeutet, dass Sie zwar nicht wortwörtlich wiederholen müssen, aber sämtliche Aspekte, die Ihr Vorredner genannt hat, beinhaltet sein müssen. Haben Sie korrekt wiederholt, dürfen Sie einen Beitrag leisten, den Ihr Gesprächspartner B wiederholen muss. Und so geht es weiter. Der dritte Teilnehmer C kontrolliert den Dialog und greift ein, wenn nicht richtig wiederholt wurde.

Dauer der Übung: 15 Minuten. Nach jeweils fünf Minuten wird gewechselt: Erst spricht A mit C und B kontrolliert, dann spricht C mit B und A kontrolliert.

Auswertung der Übung:

Bitte beantworten Sie folgende Fragen zunächst sich selbst und überprüfen Sie dann im Plenum, ob andere ähnliche Erfahrungen gemacht haben.

◆ Fiel es Ihnen leicht, zu wiederholen? Begründen Sie Ihre Antwort:

....

....

◆ Gab es Schwierigkeiten mit dem Thema? Wenn ja, welche?

....

....

◆ Sind Ihnen Missverständnisse aufgefallen, als Sie selbst gesprochen haben? Welche?

....

....

◆ Sind Ihnen Missverständnisse aufgefallen, als Sie Beobachter waren? Welche?

....

....

◆ Hat sich Ihr Redeverhalten während dieser Übung verändert?

....

....

◆ Hat sich das Redeverhalten Ihrer Gesprächspartner verändert, als Sie Beobachter waren?

....

....

◆ Wie sollten nach Ihrer Erfahrung Redebeiträge gestaltet werden, die einfach zu wiederholen sind?

....

....

2.3 Fragetechniken

Neben dem aktiven Zuhören bietet Ihnen der gezielte Einsatz unterschiedlicher Fragetechniken eine gute Möglichkeit, das Gespräch zu führen und zu lenken sowie sich selber und die eigene Meinung wieder "ins Spiel zu bringen". Fragen lassen sich überall und zu jeder Zeit stellen. Kinder beginnen kurz nach dem Spracherwerb, Fragen zu stellen. Sie erforschen durch Fragen spielerisch die Welt und stellen Zusammenhänge zwischen den Dingen her.

Forscher nutzen Fragen, um neue Erkenntnisse zu erhalten. „Warum ist das so" oder „Wie kann man das besser machen" oder „Wie kann ich das, was ich gerade entdeckt habe, praktisch nutzen" sind Motoren menschlicher Entwicklung. Ob es sich um die Erfindung des Rades, der Dampfmaschine, des Telefons handelt: Immer standen Fragen am Anfang. Der Computer wurde von einem Buchhalter entwickelt, der eine einfachere Lösung suchte, um eine Volkszählung durchzuführen. Er kam auf die Idee, die Fragen zu normieren und die Antworten auf Lochkarten zu stanzen. So ließen sich die Antworten schneller auswerten. Die Antwort auf die Frage: „Wie kann ich meine Arbeit erleichtern."

Die Wirkung auf Kommunikationspartner

Die Wirkung von Fragen auf Gesprächspartner ist unterschiedlich: Herrscht eine offene Gesprächsatmosphäre und sind die Gesprächsteilnehmer aufgeschlossen, sind Fragen ein wichtiges Mittel in Gesprächen. Sie erlauben die Teilnahme aller am Gespräch, verhindern Wissensbarrieren oder Missverständnisse und lassen Interesse und Mitdenkbereitschaft zu.

Es gibt aber auch andere Reaktionen. Jugendlichen ist das Fragen stellen peinlich, da sie ja schließlich keine Kinder mehr sind, Erwachsene finden Fragen lästig oder glauben, dass Fragen Inkompetenz bedeutet. Man empfindet das Beantworten von Fragen als hinderlich, weil es Zeit kostet oder man die Antwort nicht weiß, man bezeichnet Fragende als „Bremser" oder „Erbsenzähler", um nicht zugeben zu müssen, dass man eigentlich gar nicht weiß, worum es geht. Die Devise lautet: „Nun frag doch nicht so blöd, das weiß doch jeder" oder „Frag doch nicht so viel, sonst kommen wir ja nie zu einem Ende".

Woran liegt diese widersprüchliche Einstellung zu Fragen? „Wer fragt, bestimmt" lautet ein weitverbreiteter Spruch. Er spielt darauf an, dass Fragen stellen heißt, eine Antwort einzufordern. Wer andere zum Handeln (hier: zum Antworten) bringt, ist in einer aktiven Rolle. Er bestimmt die Situation und das Gespräch. Der Antwortende ist dagegen in einer passiven Rolle. Er muss antworten. Und er hat bereits in der Schule gelernt, dass Antworten richtig sein müssen. Wer etwas Falsches sagt, wird ausgelacht. Daher sind vielen Menschen Fragen unangenehm und sie möchten daher andere nicht in die gleiche Situation bringen. Leider verschenken sie dadurch aber auch die Chance, mehr zu erfahren. Daher muss sich der geschulte Rhetoriker angewöhnen, Fragen zu stellen. Und mit etwas argumentatorischem Geschick und etwas Übung gelingt es mit der Zeit, auch unangenehme Fragen zu beantworten.

2.3.1 Frageformen

Verständnisfragen

Verständnisfragen sind in jeder Situation legitim. Hat man etwas nicht verstanden, können Fragen den Sachverhalt aufklären helfen. Auf Verständnisfragen sollte bestanden werden. Verweigern Gesprächspartner eine Antwort, liegt der Verdacht nahe, dass sie den Sachverhalt selbst nicht verstanden haben.

Offene Fragen

Offene Fragen sind so genannte W-Fragen, die kreativ beantwortet werden müssen. Sie beginnen mit:

- Wer

- Wann

- Was

- Warum

- Wieso

- Weshalb

- Welche/r

oder mit einem handlungsauffordernden Verb und Fragewort:

- Erzähle, warum

- Begründe, wieso

- Erläutere, was

- Sag uns, wie

Offene Fragen liefern ein Höchstmaß an Informationen.

Frage ich „Welcher Meinung bist Du?", ist es dem Zuhörer nicht möglich, mit „ja" oder „nein" zu antworten. Er könnte höchstens sagen: „Ich habe keine Meinung". An dieser Stelle lässt sich mit offenen Fragen weiter hinterfragen.

In der Schule ist es wichtig, offene Fragen an die Schüler zu stellen, damit diese lernen, in ganzen Sätzen zu antworten. Bereits kleine Kinder fragt man: „Erzähle, was der Mann im Haus getan hat", um sie zum Nachdenken zu animieren und ihre Phantasie anzuregen.

In Interviews sollte offenen Fragen der Vorzug gegeben werden. Sportlerinterviews werden dagegen gerne von geschlossenen Fragen oder einer Kombination aus offener und geschlossener Frage gestellt: „Wie fanden Sie das Spiel (offen), waren Sie zufrieden (geschlossen)?" Antwort „Ja, das Spiel war okay und das Ergebnis spricht für sich". Böse Zungen behaupten, dass der Grund darin besteht, dass nicht alle Sportler in ganzen Sätzen antworten können. In Wirklichkeit will man den Interviewten die Antwort erleichtern. Leider sind Interviews dadurch selten aussagekräftig.

Geschlossene Fragen

Geschlossene Fragen beginnen mit einem Verb:

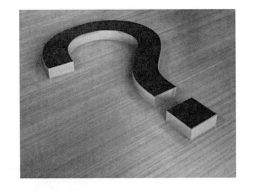

▨ Haben Sie gestern…?

▨ Möchten Sie uns…?

▨ Willst Du morgen…?

▨ Brauchst Du heute…?

▨ Können Sie bitte…

▨ Werden Sie demnächst…?

Geschlossene Fragen zielen auf ein klares „Ja" oder „Nein" als Antwort ab. Sie eignen sich daher zur Abstimmung von Ergebnissen oder helfen, Missverständnisse zu vermeiden. Beispiele: „Sind Sie damit einverstanden, dass wir ab morgen eine neue Arbeitszeit einführen?" „Habe ich Sie richtig verstanden, dass Sie von der zweiten Idee überzeugt sind?" „Sind Sie mit diesem Termin einverstanden?". Durch die präzise Antwort wird Handlungssicherheit erreicht.

Durch geschlossene Fragen erfährt man allerdings meistens nur das, was man sowieso schon weiß.

Rhetorische Fragen

Rhetorische Fragen sind Fragen, die keine Antwort erfordern. Sie werden vom Vortragenden selbst beantwortet. In Diskussionen und Gesprächen dienen sie der Meinungsbildung und sollen zum Nachdenken anregen. „Was glauben Sie, was dann passiert? Ich denke, wir werden folgendes erleben…!"

Suggestivfragen

Suggestivfragen sind unfair. Sie unterstellen dem Gesprächspartner eine Haltung, die nie geäußert wurde und setzen ihn unter Rechtfertigungsdruck. „Sie sind also der Meinung, dass das Ladenschlussgesetz für Ihr Untergewicht verantwortlich ist?" Oder zu einem zögernden Kunden („Ich weiß noch nicht, ob mir der Pullover gefällt"): „Das Produkt ist ihnen also zu teuer." Suggestivfragen sollte man grundsätzlich mit „Nein" oder „Ja" beantworten, um ihnen die Schärfe zu nehmen.

Alternativfragen

Alternativfragen eröffnen die Entscheidung zwischen zwei Alternativen, ohne auf weiter Alternativen hinzuweisen. „Wollen Sie zum Nachtisch Eis *oder* Kuchen?" Viele Menschen überlegen dann nicht mehr, ob Sie überhaupt Nachtisch wollen oder vielleicht lieber Pudding hätten. Sie bestellen eine der beiden Alternativen. Im Geschäftsleben sind Alternativfragen bei Terminabsprachen beliebt. „Ist Ihnen Montag 16.00 Uhr *oder* Dienstag 12.00 Uhr lieber?" Gesprächspartner sind schnell bereit, einen der beiden Termine zu wählen. Die Frage „Wann hätten Sie denn nächste Woche Zeit?" ist dagegen wenig erfolgversprechend.

Scheinfragen

Scheinfragen sind Fragen, die als Ablenkungsmanöver dienen. Kinder stellen gerne Scheinfragen. Sie wollen die Eltern ablenken und sind nicht an der Antwort interessiert. In Diskussionen sollen sie häufig verunsichern. Die Frage nach dem Erfolg anderer Projekte oder auch nach dem Mittagessen soll den Redner aus seinen Gedanken herausreißen.

Arbeitsanregung:

Versuchen Sie einmal die bestehenden geschlossenen Fragen in offene oder alternative Fragen umzuwandeln. Dabei verändert sich neben der Grammatik automatisch auch ein wenig der Inhalt. Welche Frageform gefällt Ihnen bei dem jeweiligen Sachinhalt besser? Welche Frageform birgt die konziliantere Rhetorik?

Geschlossene Fragen	Offene Fragen	Alternativfrage
Können Sie morgen?	Wann ...	Passt es Ihnen ...
Haben Sie Fragen?	Welche ...	Was ist Ihnen...
Hast Du die Spülmaschine nicht ausgeräumt?		
Hast Du an die Wäsche gedacht?		
Haben Sie hier einen Fehler gemacht?		
Kann ich Ihnen helfen?		

2.4 Visualisierung

Damit das bereits Gesagte nicht verloren geht, kann der Gesprächsleiter Beiträge aller festhalten, inhaltlich gliedern und an die
Gruppe visualisiert zurückgeben. Durch das Einbeziehen von Vi-
sualisierungsmedien gelingt es einer Gruppe schneller, Schwierigkeiten zu überwinden, die Übersicht zu behalten und selber am
Entscheidungs- oder Lösungsprozess beteiligt zu sein. Als Visuali-
sierungsmedien erweisen sich Flipchart, Metaplanwand oder Whi-
teboard als besonders effektiv.

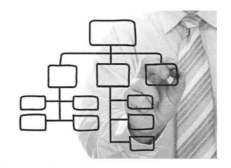

2.5 Die Rolle der Gesprächsleitung

Ein **Gesprächsleiter** hat die Aufgabe, das Gespräch in sinnvolle Bahnen zu lenken.
Er sorgt für die organisatorische Durchführung, überprüft, ob die von der Gruppe
gesetzten Regeln eingehalten werden, und versucht, den Teilnehmern einen optimalen Verlauf des Gespräches zu ermöglichen. Aber Achtung: Ein Gesprächsleiter
führt das Gespräch nicht gegen die Gruppe! Der Gesprächsleiter ist nur der reine
Organisator, die Gruppe ist der Souverän. Leider gibt es hier häufig Missverständnisse.

- Es gibt Gesprächsleiter, die glauben, dass ihnen die gesamte Verantwortung für
  das Gespräch obliegt. Daher setzen sie sich unter ungehörigen Ergebnisdruck!
  Das tut es aber nicht; verantwortlich für das Gespräch sind auch die Gesprächsbeteiligten. Sind sie nicht bereit, sich an die Regeln zu halten oder inhaltliche
  Qualität zu liefern, ist auch ein guter Gesprächsleiter machtlos.

- Es gibt Gesprächsleiter, die ihre Macht missbrauchen und ihre Position mehr
  oder weniger auffällig zur Durchsetzung ihrer persönlichen Interessen nutzen. In
  diesem Fall ist das Gespräch kein Gespräch mehr, es handelt sich um manipula-
  tive Kommunikation.

- Es gibt Gruppen, die jede Eigenverantwortung ablehnen und die gesamte Durchführung an den Gesprächsleiter delegieren. Der Gesprächsleiter ist für den Fortgang des Gespräches und die Disziplin der Gesprächsteilnehmer verantwortlich,
  ist aufgefordert, Lösungen zu finden und Vorschläge zu machen (die erst einmal
  verrissen werden), und ist bei einem Scheitern des Gespräches der Schuldige.
  Außerdem gibt es Gruppen mit Kontrollzwang, die vom Gesprächsleiter auch
  dann ein bürokratisches Umsetzen der Gesprächsregeln verlangen, wenn es dem
  Gespräch hinderlich ist. In beiden Fällen ist der Sinn einer Gesprächsleitung
  nicht verstanden worden.

Verantwortlich für den Gesprächsverlauf und das Ergebnis sind immer die Gesprächsbeteiligten. Erst wenn ihnen aufgrund der Themenstellung oder des Ge-
sprächsverlaufes die Distanz fehlt, das Gespräch selbst zu regulieren, sollte der Gesprächsleiter eingreifen. Jeder Gesprächsteilnehmer sollte also den Gesprächsverlauf aktiv steuern und den Gesprächsleiter mit eigenen Gesprächsbeiträgen un-
terstützen oder bei Machtmissbrauch in die Schranken weisen.

Die Aufgaben eines Gesprächsleiters sind:

- Öffnen des Gesprächs: Begrüßung - Thema - Impuls (z. B. eine gesprächsmotivie-
  rende Fragestellung)

- Schließen des Gesprächs: Zusammenfassung - Ausblick - Dank

- Dafür Sorge tragen, dass die Teilnehmer beim Thema bleiben

- Dafür Sorge tragen, dass alle Teilnehmer zu Wort kommen (evtl. Rednerliste)

- Dafür Sorge tragen, dass die Teilnehmer sachlich bleiben

- Zwischenzusammenfassungen machen

- Zweiergespräche öffnen

- Missverständnisse aufklären

- Verfahrensvorschläge zur Diskussion stellen (z. B. Einführung der Rednerliste)

- Auf den Zeitrahmen achten

- Die Gesprächsteilnehmer aktivieren

 Wie bereits erläutert, bleibt ein guter Gesprächsleiter im Hintergrund und fördert die Eigenverantwortung der Gesprächsteilnehmer. Daher ist es wünschenswert, dass zwischen Gesprächsleitung und institutioneller Leitung getrennt wird. Leider ist es häufiger, dass die Führungskraft, der Vereinsvorsitzende etc. automatisch auch das Gespräch leitet. Gerade diese Personen haben oft nicht die Distanz zu den Gesprächsinhalten, da es ihnen immer auch um ihren eigenen Machterhalt oder Machtgewinn geht.

Gesprächstypen und -arten

3

3.1 Einleitung

Gesprächsführung wird im betrieblichen Zusammenhang im Allgemeinen mit internen und externen Besprechungen, mit Kundengesprächen und mit Verhandlungen verbunden. Im privaten Bereich wird zumeist der Begriff „Diskussion" stellvertretend für eine Vielzahl an Gesprächen verwendet, aber auch umgangssprachliche oder dialektale Begriffe wie „Unterhaltung", „Quatschen" oder „Schwätzen" etc. Oft sind Gespräche ineffektiv, weil nicht zwischen verschiedenen Gesprächsarten differenziert wird oder ein zielgerichtetes Gespräch durch assoziatives Geplauder ersetzt wird. Ist man sich nicht darüber im Klaren, welche Art von Gespräch man führen möchte, braucht man sich auch nicht zu wundern, wenn sich das Gespräch nicht strukturieren lässt.

3.2 Klärungsgespräche

Klärungsgespräche sind Gespräche, in denen Informationen gesammelt werden, Begriffe nach allen Seiten hinterfragt werden, Lösungen jeglicher Art in den Raum gestellt werden und Ideen durchdacht bzw. durchgespielt werden. Sie sollten grundsätzlich einem fundierten Überzeugungsgespräch vorangestellt werden, um in das Thema tiefer einzudringen. Klärungsgespräche sind prozessorientiert und nicht ergebnisorientiert. Das bedeutet, dass am Ende des Gespräches Erkenntnisse stehen sollen und keine Ergebnisse. Dementsprechend misst sich der Erfolg eines Klärungsgespräches daran, ob alle Teilnehmer ihr Wissen bzw. ihren Horizont erweitert haben.

Klärungsgespräch in der Gruppe

Klärungsgespräche sind in der Gruppe am ergiebigsten. Man kann Klärungsgespräche aber auch mit sich selbst führen.

Mit sich selbst geführtes Klärungsgespräch

Klärungsgespräche sind in einer Gruppe nur sinnvoll, wenn die Beiträge der anderen nicht bewertet werden und sich auch der Sprecher mit vorschnellen Wertungen zurückhält. Sätze wie „Wie kann man Handys nur ablehnen. Heute brauchen eben alle Handys, wenn Du halt von gestern bist, dann ist das doch Dein Problem" sind in einem Klärungsgespräch fehl am Platz. Denn sie sind wertend, provozierend und verletzend. In klärenden Gesprächen muss das besondere Interesse aller Teilnehmer an einer Vielfalt von Meinungen liegen.

Menschen, die völlig konträre oder ungewöhnliche Meinungen vertreten oder noch keine konkreten Vorstellungen von einem Thema haben, sind ein Glücksfall für klärende Gespräche. Sie verhindern, dass man in seinen eingespielten Denkmustern gefangen bleibt und zwingen die Gruppe dazu, neue, unbekannte Informationen zuzulassen.

Mit dem Klärungsgespräch verwandt sind:

■ Brainstorming („Geistesblitz"). Beim Brainstorming sammelt man zu einem Thema oder einem Begriff alle Begriffe, die einem einfallen. Dabei wird weder die Qualität der Gedanken geprüft, noch bewertet oder ausgelacht. Alle Ideen sind zulässig und müssen vom Gesprächsleiter notiert werden. Beim Brainstorming ist darauf zu achten, dass der Prozess nicht zu früh beendet wird. Erst wenn die Teilnehmer anfangen zu „spinnen", kann sich echte Kreativität entwickeln. Brainstorming kann ein Einstieg für ein Klärungsgespräch sein.

■ Mind-mapping. Diese Methode ist eine visualisierte Form der Ideensammlung. Jeder schreibt an eine Tafel Ideen, Gedanken und Assoziationen zu einem vorgegebenen Thema und verbindet seinen Beitrag durch gezeichnete Linien mit den inhaltsverwandten Beiträgen der anderen Teilnehmer. Schließlich entsteht ein Bild mit vielen Verästelungen und einer Vielzahl von Gedanken.

■ Moderationsmethode. Hier werden die Gedanken und Ideen zu einem Thema anonym auf Karten geschrieben. Diese Karten werden an eine Pinnwand geheftet, so dass alle die Gedanken aller sehen können und kein Gedanke verloren geht.

Klärungsgespräche lassen sich nur schwer schematisieren. Jedes Gespräch ist anders, denn jedes Thema bildet eine neue Herausforderung. Gemeinsam ist aber allen Klärungsgesprächen, dass zunächst der Wissensstand der Teilnehmer überprüft werden sollte, indem

■ jeder erzählt, was er unter dem Thema versteht;

■ die Begriffe innerhalb der Themenstellung geklärt werden. Achtung: Auch bei der Begriffsklärung muss am Ende keine verbindliche Definition stehen. Möglicherweise liefert der Fortgang des Gespräches völlig neue Erkenntnisse. Mehrfachbedeutungen von Begriffen sollten daher zunächst im Hinterkopf behalten werden, anstatt sich auf eine Bedeutung zu einigen.

Haben alle Teilnehmer die gleichen Grundvoraussetzungen – was wiederum nicht heißt, dass sie alle einer Meinung zu sein haben – ist die weitere Vorgehensweise festzulegen. Denkbar ist, dass ein Brainstorming die wichtigsten Aspekte herausarbeitet. Einer dieser Aspekte wird dann zum neuen Thema erklärt und ebenfalls wieder umfassend von allen Seiten beleuchtet usw.

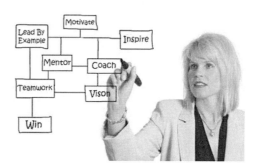

Gute Klärungsgespräche dauern lange und können durch Denkpausen intensiviert werden. Ist alles geklärt, endet das Klärungsgespräch ohne fertige Lösung oder Ergebnis. Zulässig sind höchstens Lösungsansätze oder Anregungen. Die Erkenntnisse gehen darauf hin in ein Entscheidungsgespräch ein, in dem die Ideen, Anregungen und Lösungsansätze durchdiskutiert, bewertet und beurteilt werden, bis als Ergebnis eines Überzeugungsprozesses schließlich die Entscheidung getroffen wird.

In den Seminaren kristallisiert sich das Klärungsgespräch als schwierigster Gesprächstyp heraus. Das hat folgende Gründe:

- In Deutschland wird gerne alles unter Effektivitätsgesichtspunkten gesehen. Klärungsgespräche brauchen Zeit, und Zeit hat niemand. Daher wird in vielen Fällen lieber gleich entschieden, selbst wenn eine fundierte Sachkenntnis fehlt. Viele Seminarteilnehmer haben daher Probleme, sich an Klärungsgespräche in ihrem betrieblichen oder privaten Alltag zu erinnern.

Die Pfeife

- Junge Menschen bevorzugen den Gesprächstyp Überzeugungsgespräch („Diskussion"), weil sie den lebhaften Austausch von Argumenten schätzen. Sie weisen in Seminaren darauf hin, dass man durch den Meinungsaustausch dazu lernt. Tatsächlich bleiben derartige Gespräche aber an der Oberfläche, während Klären bedeutet, immer tiefer in Fragestellungen einzudringen.

▣ Klärungsgespräche werden für überflüssig gehalten. Handelt es sich um Begriffe, die jeder kennt, haben wenige Menschen Verständnis, wenn jemand eine genaue Begriffsklärung einfordert. Dabei kann man einen Großteil der deutschen Worte missverstehen oder unterschiedlich verstehen. Neulich diskutierten in meinem Seminar Teilnehmer über das Thema: „Soll es ein Sprachverbot für Fremdworte in Deutschland geben?" Gemeint war, ob es in Deutschland eine Instanz geben soll, die mit der Academie Francaise in Frankreich vergleichbar ist. Die Academie Francaise überwacht in Frankreich die öffentliche Sprache und verhängt Geldstrafen, wenn französische Worte durch ausländische Worte ersetzt werden. Während der Diskussion

stellte sich heraus, dass es völlig unterschiedliche Auffassungen darüber gab, was Fremdworte sind. Hatte der Initiator des Themas ausschließlich an „Dinglisch", d.h. an deutsche Wortschöpfungen mit englischer Aussprache, wie z.B. Handy (im englischen „mobile") gedacht, verstanden andere Gesprächsbeteiligte darunter alle nichtdeutschen Worte, d. h. also auch Worte lateinischen oder französischen Ursprungs. Andere wollten alle Anglizismen wie z.B. Pullover oder T-Shirt verbieten, andere nur Worte der Jugendsprache wie z. B. cool, trendy oder fit, da deren Bedeutung unklar sei. Wieder andere plädierten dafür, Worte zu verbieten, für die es ein deutsches Wort gibt, wie z. B. user (Benutzer) oder Slang/Jargon (Umgangssprache). Außerdem wurde nicht differenziert, was nun eigentlich verboten werden soll, das Sprechen, das Schreiben oder das Verwenden dieser Worte in den Medien.

▣ Klärende Gespräche sind unbequem. Es kann sich nämlich im Laufe eines Klärungsgespräches herauskristallisieren, dass das Thema so schwer zu strukturieren ist, dass es keine befriedigende Lösung geben kann. Manch einer wünscht sich dann, er hätte lieber nicht geklärt, sondern gleich aus dem Bauch heraus entschieden. Frei nach dem Motto: Bei einer Bauchentscheidung liegt die Chance bei 50/50. Und war es der falsche Weg, so kümmert mich das erst später. Gerade in der Politik zeigt sich sehr deutlich, dass die Sachverhalte, wie z. B. die Reform des Gesundheitswesens, immer komplizierter werden. Je besser geklärt wird, um so schwerer fällt eine Entscheidung, da jedes neue Gesetz neue Ungerechtigkeiten hervorruft. Dies ist der Grund, warum Politiker dann oft Lösungen präsentieren, über die Bürger nur den Kopf schütteln. Politiker begründen diese Entscheidungen dann zurecht mit „Sachzwängen".

Missverständnisse können teuer werden

Arbeitsanregung: Klärungsgespräch

Sammeln Sie verschiedene Themen. Die Themen sollten einen neutralen Begriff umfassen (z. B. „Treue" oder „Ökosteuer") oder eine Fragestellung beinhalten („Wie lassen sich die Verkehrsprobleme der Zukunft angehen?"). Bitte vermeiden Sie Fragestellungen, die auf „ja" oder „nein" abzielen (z. B. „Sind Schuluniformen sinnvoll?"). Wählen Sie aus den Themen ein Thema aus, das alle interessiert. Sechs Seminarteilnehmer führen zu dem Thema ein Klärungsgespräch. Die anderen beobachten das Gespräch.

Auswertung:

Frage	Antwort Teilnehmer	Beobachter
War es ein Klärungsgespräch?		
Wie lautete das Thema?		
Welches Thema wurde tatsächlich besprochen?		
Wie war der Gesprächsverlauf? War das Gespräch strukturiert?		
Welche Person(en) hatte(n) die größten Redeanteile? (schätzungsweise)		
Wer hat am wenigsten gesagt?		
Gab es verschiedene Gruppierungen innerhalb der Gruppe?		
Lassen sich bestimmte Themen einzelnen Personen zuordnen?		
Gab es Missverständnisse?		
Wie sind die Teilnehmer miteinander umgegangen?		
Haben Sie ihr Wissen erweitert bzw. neue Erkenntnisse gewonnen?		
Was könnte man besser machen?		

3.3 Entscheidungsgespräche

Entscheidungsgespräche sind Gespräche, in denen auf eine Entscheidung hingearbeitet wird. Sie teilen sich in Überzeugungsgespräche und Verhandlungen auf.

Überzeugungsgespräche (Diskussion)

Überzeugungsgespräche sind Gespräche, in denen versucht wird, den anderen von der eigenen Meinung zu überzeugen. Ziel dieser Gespräche ist es, am Ende eine einstimmige Entscheidung zugunsten der eigenen inhaltlichen Position zu treffen. Überzeugungsgespräche werden meistens als Diskussion bezeichnet. Leider ist dieser Begriff mittlerweile zum Überbegriff sämtlicher Formen des engagierten Sprechens geworden: Man diskutiert mit anderen, man diskutiert mit sich selbst, es gibt langweilige, hektische und anstrengende Diskussionen, Fernsehdiskussionen, Podiumsdiskussionen usw. Dabei wird nicht differenziert, ob die Diskussionen tatsächlich ein Ziel – nämlich die Entscheidung - haben oder nur dem Selbstzweck, d.h. der Freude am Sprechen oder der Unterhaltung von Fernsehzuschauern, dienen. Eindeutig zu den Überzeugungsgesprächen gehören Debatten. Debatten werden mit Auseinandersetzungen im Deutschen Bundestag in Verbindung gebracht. Debattieren heißt jedoch lediglich erörtern. Die Erörterung von Sachverhalten in betrieblichen Besprechungen kann folglich auch als Debattieren bezeichnet werden.

Verhandlungen

Verhandlungen zählen zu den Entscheidungsgesprächen, da sie auf das Verhandlungsergebnis ausgerichtet sind. Verhandlungen können klärende und überzeugende Phasen beinhalten. Die eigentliche Verhandlung besteht jedoch aus dem Austarieren von Interessen. Steht am Ende der Verhandlung ein Verhandlungsergebnis und haben beide Gesprächspartner den Eindruck, sie hätten sich durchgesetzt, handelt es sich um eine erfolgreiche Verhandlung.

Arbeitsanregung: Überzeugungsgespräch

Suchen Sie ein umstrittenes Thema für eine Debatte. Wichtig: Es sollte um ein Verbot (bzw. die Erlaubnis) von etwas gehen. Beispiele wären Rauchverbot in öffentlichen Räumen, Verbot von Handys o. Ä. Einige Teilnehmer sollten dafür sein, andere dagegen. Einen Gesprächsleiter gibt es nicht. Die Fraktionen bereiten sich in einem Klärungsgespräch auf die Debatte vor (ca. 15 Minuten). Das Gespräch sollte entweder auf Video aufgezeichnet werden oder von zwei Teilnehmern oder dem Kursleiter beobachtet werden.

Auswertung:

Frage	Antwort Teilnehmer	Beobachter
Wie lautete das Thema?		
Welches Thema wurde tatsächlich besprochen?		
Welche Unterthemen gab es?		
Lassen sich diese Themen einzelnen Personen zuordnen?		
Welche Person(en) hatte(n) die größten Redeanteile? (schätzungsweise)		
Wer hat am wenigsten gesagt?		
Gab es verschiedene Gruppierungen innerhalb der Gruppe?		
Gab es einen Gesprächsleiter oder Gesprächsleiterbeiträge?		
Gab es Missverständnisse?		
Wurden diese ausgeräumt?		
Durfte jeder ausreden oder wurde unterbrochen?		
Wurde sich gegenseitig zugehört?		
Gab es Kooperationen zwischen Teilnehmern mit gleicher Meinung? Wer hat sich gegenseitig unterstützt?		
Wurden Argumente für die jeweilige Meinung angeführt?		
Wurden die Argumente widerlegt, oder wurde nur widersprochen?		
Gab es provozierende Bemerkungen?		
Wurde persönlich angegriffen? Wenn ja, wer hat wen angegriffen?		
Wie war die Reaktion des Angegriffenen?		
Wie lässt sich das Gespräch einordnen: War es ein klärendes Gespräch, ein Überzeugungsgespräch oder ein Kampfgespräch? Begründen Sie Ihre Meinung!		
Was ist Ihnen sonst noch aufgefallen?		

◆ Weichen die Antworten der Gesprächsteilnehmer und der Beobachter voneinander ab? Überlegen Sie, woran das liegen könnte:

....

....

....

◆ Was hätte man in dem Gespräch besser machen können?
Von Seiten der Gesprächsteilnehmer hätte Folgendes verbessert werden können:

....

....

....

◆ Das Thema hätte man auch folgendermaßen angehen können:

....

....

....

◆ In Zukunft werde ich auf Folgendes besonders achten:

....

....

....

3.4 Kampfgespräche

Kampfgespräche sind ineffektiv und daher zu vermeiden. Es sind Gespräche für Rechthaber. In diesem Gesprächstyp versuchen die Beteiligten, den Gegner mit allen Mitteln zu bekämpfen, um zu gewinnen. Persönliche Angriffe, unsachliche Formulierungen, Lügen und Unterstellungen, Schimpfen und Schreien bestimmen diese Gespräche. Kampfgespräche sind völlig unsachlich und dienen dem Selbstzweck. Im Fernsehen gesendete Kampfgespräche sind sehr quotenträchtig und werden daher gerne gesendet. Typische Formate waren die Sendungen „Der heiße Stuhl" und „Einspruch". In diesen Sendungen ging es nicht um die Qualität der Argumente, sondern darum, den anderen so fertig zu machen, dass er aufgibt. Auch ein Großteil der heutigen Talkshows ist den Kampfgesprächen zuzurechnen.

Kampfgespräch

Diskussionen und Debatten können schnell in Kampfgespräche übergehen. Man erkennt das daran, dass nicht mehr zugehört, sondern nur noch die eigene Meinung durchgesetzt wird. Kommt man in einer Diskussion nicht mehr zu Wort, kann bereits ein Kampfgespräch im Gange sein. Auch Ehestreitigkeiten gehen leicht in ein Kampfgespräch über. Ziel ist dann nicht eine befriedigende Lösung, sondern die Bekämpfung des „Feindes".

Argumentation

4.1 Formen der Argumentation

Nichtrationale Argumentation

Nehmen wir an, Sie möchten einen Tisch kaufen. Der Verkäufer bemüht sich, Sie mit einem der folgenden Argumente zu überzeugen:

- Dieser Tisch ist schön, weil er rund ist. Deshalb sollten Sie diesen Tisch kaufen.

- Dieser Tisch ist schön, weil er eine Auszeichnung bekommen hat. Deshalb sollten Sie diesen Tisch kaufen.

- Dieser Tisch ist schön, weil er Ihrer Freundin auch gefällt. Deshalb sollten Sie diesen Tisch kaufen.

- Dieser Tisch ist schön, weil er teuer ist. Deshalb sollten Sie ihn kaufen.

Handelt es sich bei diesen Sätzen um Argumentation? Die Antwort ist ja. Es handelt sich um Argumentation, weil eine Behauptung „Dieser Tisch ist schön" begründet wird, z. B. durch „weil er rund ist". Dennoch werden Sie vermutlich Bauchschmerzen bekommen, wenn Sie diese Argumentation hören. Zwischen Behauptung und Begründung besteht nämlich kein Kausalzusammenhang. Dass der Tisch rund ist, ist die Begründung dafür, dass er keine Ecken hat. Die Auszeichnung begründet eine Prämierung des Tisches, dass er der Freundin auch gefällt, belegt, dass der Tisch mindestens einer Person gefällt. Und teuer ist immer relativ, denn für den einen ist ein Tisch für 25 Euro unerschwinglich, während der andere locker zwei Millionen Euro für einen Tisch ausgibt.

Es handelt sich bei dem Beispiel um nichtrationale Argumentation. Bereits die Behauptung ist subjektiv. Ob ein Tisch schön ist oder nicht unterliegt dem eigenen Geschmacksempfinden. Dieses wiederum beruht auf individuellen Neigungen, persönlicher Prägung und kollektivem Zeitgeist. Fühlt sich der eine in Nussbaum dunkel wohl, bevorzugt der andere antike Möbel. Wieder ein anderer umgibt sich mit Glas und Stahl. Nichtrationale Argumentation ist daher immer relativ und beruht auf persönlichen Empfindungen, Gefühlen und Vorurteilen.

Dennoch kann diese Argumentation erfolgreich sein. Wenn Martin sagt: „Dieser Tisch ist schön, denn er ist rund", antwortet Andrea „Stimmt, ein runder Tisch ist wirklich toll. Ich glaube, den kaufe ich jetzt." Dagegen sagt Franziska: „Was für ein Quatsch, nur weil der Tisch rund ist, ist er doch nicht schön. Schön ist höchstens der Anblick."

Auch der abstruse Satz „Dieser Tisch ist schön, weil er teuer ist" findet seine Anhänger. Viele Menschen kaufen ein Produkt nämlich nicht, weil es einen Nutzen für sie hat. Für sie ist entscheidend, dass es teuer ist, weil sie damit angeben können, dass es einen Designpreis gewonnen hat oder dass sie den selben Tisch besitzen wie ein Prominenter. Ein rationaler Grund für die Kaufentscheidung wäre beispielsweise das Material, wenn der Tisch für kleinere Kinder bestimmt ist. Auch die Größe eines Tisches oder seine Funktionalität für den Essbereich oder den Bürobereich sind dem rationalen Bereich zuzuordnen.

Nichtrationale Argumentation überzeugt nicht, sondern bestätigt. Daher eignet sie sich besonders gut dazu, die eigene Gruppe aufzuwerten und andere Menschen zu diskriminieren. Ein gutes Beispiel sind Behauptungen wie „Beamte sind faul", „Ausländer sind kriminell", „Politiker bereichern sich nur", „Alle Deutschen sind Nazis" oder „Reichen geht es viel besser als Armen". Wer versucht, diese Behauptungen ernsthaft zu begründen, wird feststellen, dass dies unmöglich ist. Viel zu viele Beispiele zeugen vom Gegenteil. Leider hat die Vorurteilsforschung festgestellt, dass Vorurteile ein langes Leben haben. Geschulte Rhetoriker haben daher die Pflicht, auf derartige Verallgemeinerungen zu verzichten.

Politische Vorurteile

Rationale Argumentation

Rationale Argumentation ist eine Tatsachenargumentation. Ziel ist es, eine Behauptung beweiskräftig zu belegen.

Rationale Argumentation verwendet Zahlen, Daten und Fakten, wobei sie Sachverhalte aus naturgesetzlichen Gegebenheiten, wissenschaftlicher Forschung und empirischen Versuchen gewinnt. So ist der Satz „Wenn ich den Ball wegwerfe, fällt er zu Boden" aus der naturwissenschaftlichen Erkenntnis der Erdanziehungskraft abgeleitet. In der empirischen Forschung werden Feldversuche gemacht. Wenn ich eine flächendeckende Marktforschung zum Thema Milch durchführe, kann ich nachher mit Bestimmtheit behaupten, dass im Jahre 2001 x Prozent der deutschen Bevölkerung Milch mag. Liegt diese Prozentzahl bei 97,3 Prozent, ist die Behauptung „Der größte Teil der Deutschen mag Milch" rational zu belegen. Dass die gleiche Anzahl an Personen auch wirklich Milch trinkt, ist in dieser Aussage übrigens nicht eingeschlossen.

Überprüfbarkeit

Rationale Argumentation muss von Menschen unterschiedlicher Herkunft und Denkweise überprüfbar sein. Daher verweist rationale Argumentation auf ihre Quellen und versucht detailliert, die Gedankengänge offenzulegen. Wenn ich sage: „Wer reich ist, fährt derzeit Porsche", dann würde nichtrationale Argumentation eine bestimmte Person als Beleg anführen. Rationale Argumentation hingegen würde zunächst die Definition von „reich" festlegen (reich = reich an Geld), dann die Personen auflisten, die als reich gelten, und im nächsten Schritt feststellen, wer laut Zulassungsstelle einen Porsche besitzt. Fahren tatsächlich alle Personen dieser Gruppe einen Porsche, ist die Behauptung rational belegt. Jeder, der möchte, kann die entsprechenden Zahlen nun nachprüfen und wird zu diesem Zeitpunkt zum gleichen Ergebnis kommen. Allerdings müssen die Zahlen dann ständig aktualisiert werden, denn wenn nur einer dieser Personen sein Auto verkauft, ist die Argumentation unwahr. Auch dies lässt sich allerdings leicht von dem Gesprächspartner überprüfen.

Denkmuster

Sowohl das Erstellen als auch die Interpretation von Argumenten ist immer von Normen, Werten und Denkgewohnheiten abhängig. Kann man in Deutschland das Wort „Porsche" durchaus zum Allgemeinwortschatz rechnen, so könnten Bewohner eines Landes, in dem es kaum Autos und kein Fernsehen gibt, diese Argumentation nicht überprüfen, weil sie gar nicht wissen, worum es sich bei einem Porsche handelt. Auch der Satz „Wer eine gute Schulbildung hat, hat bessere berufliche Chancen" ist zwar rational begründbar, es wird aber viele Menschen auf der Welt geben, die mangels Schulbildung diesen Satz nicht überprüfen können, weil sie ihn nicht verstehen und die Situation auf sie nicht zutrifft. Ein Beispiel für die Konsequenzen festgefügter Denkmuster ist Aids, das in vielen Teilen der Erde als eine göttliche Strafe angesehen wird. Da diese Menschen die wissenschaftliche Begründung nicht anerkennen können, sind sie auch nicht zu einer Verhaltensänderung bereit. Hier liegen die Grenzen rationaler Argumentation. In diesem Fall ist die Nichtrationalität bzw. der Glaube stärker als die wahren rationalen Argumente. Argumentation hat daher auch etwas mit der Offenheit des Denkens und der Bereitschaft, neue Erkenntnisse zu gewinnen, zu tun.

Hörerbezug

Es wurde bereits aufgezeigt, dass das Gelingen einer Argumentation von dem Denkmuster des Hörers abhängig ist. Der Redner muss daher zunächst in klärenden Gesprächen die Denkgewohnheiten des Hörers herausfinden. Die beste Argumentation ist nämlich unnütz, wenn sie nicht verstanden wird. Gute Argumente werden dadurch zu schlechten. Das oberste Gebot ist daher Flexibilität und Orientierung an den Zuhörern.

Verdeckte Prämissen

Rationale Argumentation kann mit der gleichen Begründung zu völlig unterschiedlichen Schlussfolgerungen kommen.

Formuliere ich den Satz „Otto hat ausschließlich Fünfer und Sechser auf dem Zeugnis. Daher ist Otto ein schlechter Schüler.", so entspricht dieser Satz der Wahrheit. Im deutschen Notensystem ist sechs die schlechteste Note. Einen schlechten Schüler definiert man im Allgemeinen mit seinem Notendurchschnitt, und wenn dieser bei fünf liegt, ist ein Schüler ein schlechter Schüler. Ob Otto dabei dumm, faul, lustlos oder unaufmerksam war, interessiert nicht.

Formuliere ich den Satz „Otto hat ausschließlich Fünfer und Sechser auf dem Zeugnis. Daher ist Otto ein hervorragender Schüler.", so entspricht auch dieser Satz der Wahrheit. Die Frage ist nämlich, welche Grundprämisse ich anlege. Ist Otto ein lernbehinderter Schüler und hat auf einer regulären Schule in jedem Fach eine Note bekommen (er könnte ja auch nicht zu bewerten sein), zeigt, dass er Herausragendes geleistet hat.

Dies zeigt, dass sich die gleichen Argumente ins Gegenteil verkehren können, wenn sich der Blickwinkel verändert. Dies ist auch der Grund, warum Gutachter und Gegengutachter unter Umständen zu völlig gegensätzlichen Ergebnissen kommen, obwohl sie die gleichen Zahlen zugrunde legen. Daher ist es wichtig, verdeckte Prämissen offen zu legen, z.B. durch klärende Gespräche.

Wahrhaftigkeit

Voraussetzung jeder Gesprächsführung ist es, dass sich der Gesprächspartner darauf verlassen kann, dass der Redner die Wahrheit sagt. Rationale Argumentation bedarf besonderer Wahrhaftigkeit. Die Nennung von Zahlen, die Berufung auf Gesetzestexte, der Verweis auf Statistiken und wissenschaftliche Untersuchungen wirkt nämlich besonders Vertrauen bildend. Nennt der Redner eine Zahl und erscheint diese plausibel, z. B. 60 Prozent der Bundesbürger trinken regelmäßig Milch, so ist die Bereitschaft zur Überprüfung gering und der Manipulation Tür und Tor geöffnet. Der Redner hat also eine Verantwortung gegenüber den Zuhörern.

Ich erinnere mich an einen Vortrag einer Seminarteilnehmerin, die über die Müllkatastrophe in Deutschland sprach. Sie hatte sich das Thema selbst ausgesucht und die Zuhörer hatten durch ihre berufliche Tätigkeit Grund zur Annahme, dass sie auf diesem Gebiet sehr kompetent sei. Tatsächlich war der Vortrag sehr gut. Sie stellte detailliert die Problematik der Müllentsorgung in Deutschland dar und belegte mit Zahlen, dass Deutschland in ein paar Jahren am Müll ersticken würde. Am Ende des Vortrages saßen wir erschüttert da. Bis ein Seminarteilnehmer fragte: „Sag mal, wo hast Du denn die Zahlen her?" Worauf hin die Rednerin gut gelaunt antwortete: „Oh, die habe ich erfunden."

Diese Begebenheit, die mittlerweile übrigens 15 Jahre her ist, hat mir zu denken gegeben. Winston Churchill sagte: „Ich glaube nur an Statistiken, die ich selber gefälscht habe." Tatsächlich lassen sich Zahlen leicht verändern, eine Null hinzuzufügen oder eine Null wegzulassen ist kein Problem. Manipuliert wird auch gerne mit Aussagen wie „2/3 der Menschheit" oder mit „40 % der Bürger". Diese Zahlen sind kaum nachprüfbar, die verdeckten Prämissen werden selten offengelegt. In dem Fall handelt es sich trotz der Zahlen um nichtrationale Argumentation.

Schwieriger zu beurteilen sind falsche Aussagen, deren Unwahrheit dem Sprecher nicht bewusst ist. Vor einigen Jahren kam das „Lexikon der populären Irrtümer" heraus und meldete Erstaunliches. So weist Spinat gar nicht viel Eisen auf. Es handelt sich um eine Fehlinterpretation der Versuchsdaten, die aber über hundert Jahre ein zähes Leben hatte. Der Satz „Du musst Spinat essen, damit Du viel Eisen zu dir nimmst" war rationale Argumentation und unumstritten. Ähnlich liegt es mit Magengeschwüren. Es war gar keine Frage, dass Magengeschwüre psychische Ursachen haben. Bis ein Wissenschaftler entdeckte, dass ein Virus der Auslöser ist. Obwohl er Versuche vorweisen konnte, die einwandfrei seine These belegten, wurde noch lange alten Denkmustern der Vorrang gegeben, die „alte Wahrheit" weiter verbreitet. Menschlicher Irrtum oder Lüge? Hier sind wieder die Denkmuster im Spiel, die auch rationale Argumentation subjektiv werden lassen.

Persönliches Engagement

Verbreitet ist die Auffassung: „Ich kann nur gut argumentieren, wenn ich hinter der Sache stehe." Das stimmt in einem Punkt: Diese Gesprächspartner werden ihr Anliegen mit viel Temperament und Engagement vortragen.

Für die Sachebene gilt dies nicht. Gefühle sind bei wichtigen Anliegen sogar kontraproduktiv. Wer gut argumentieren möchte, braucht **Distanz** zu dem Thema. Die Distanz sorgt für die Bereitschaft, neue Informationen und Fakten zuzulassen, sich flexibel auf den Gesprächspartner einzustellen und die eigenen und fremden Standpunkte sachlich zu hinterfragen. Persönliches Engagement wird dadurch nicht ausgeschlossen. Geschulte Redner können sich für jede Sache engagieren, die sie vertreten wollen, unabhängig von der persönlichen Einstellung. Schließlich soll das beste zur Verfügung stehende Ergebnis erzielt werden. Echtes Herzblut ist dagegen eine Sache des Wahlkampfes, z. B. in der Politik oder in Iniitativen, um gleichgesinnte Mitstreiter zu motivieren und Wähler zu aktivieren. Die Grenzen des persönlichen Engagements werden aber auch hier deutlich, wenn die Realpolitik beginnt, wenn sich z. B. Initiativen institutionalisieren oder mit anderen Gruppierungen Bündnisse und Kompromisse eingehen müssen.

Wird die eigene Position weiterhin zur Schicksalsfrage erklärt, ist keine Bündnisfähigkeit vorhanden und das Scheitern vorprogrammiert. Im Berufsalltag sollte persönliches Engagement daher in ein **strategisches Engagement** überführt werden, das notfalls einen geordneten Rückzug zulässt.

Unfaire Argumentationstechniken

Unfair ist eine Argumentation, die den Gesprächspartner unter Vorspiegelung falscher Tatsachen bewusst in die Irre führt. Falsche Zahlen, Lügen und Schutzbehauptungen gehören in diese Kategorie. Mancher Aktionär hat viel Geld durch Firmen verloren, die diese Register zur Perfektion beherrschten.

Unfair ist auch Argumentation, die mit allgemeinen menschlichen Erfahrungen und Pauschalurteilen arbeitet. „Jeder weiß doch, dass zu langes Sonnenbaden Krebs auslöst." Diese Bemerkungen sollen den Gesprächspartner verunsichern. Ihnen wird selten widersprochen, obwohl die Aussage „jeder weiß" erst belegt werden müsste. Denn wenn nur eine Person es nicht weiß, ist die Argumentation nicht mehr stichhaltig. Aber da die Aussage „dass zu langes Sonnenbaden Krebs auslöst" empirisch nachweisbar ist, wird einer solchen Argumentation selten widersprochen. Derartige Argumentationsstrategien befinden sich im Grenzbereich zwischen nichtrationaler und rationaler Argumentation. Fragen Sie in Zukunft den Redner bei solch einem Satz: „Wer ist jeder?" Unfair ist auch die Berufung auf Gesetzestexte, die der Zuhörer weder kennt noch im Moment zur Verfügung hat. Gerne wird diese Argumentation mit dem verächtlichen Unterton: „Ja, wenn Sie das Grundgesetz nicht kennen, wie soll man dann mit Ihnen diskutieren?" gebracht. Hier hilft nur nachzuprüfen und sich ungerührt erklären zu lassen, was gemeint ist.

Moralisch-ethische Argumentation, wie z. B. „Wir leben nun einmal in einer Demokratie und da müssen eben alle mit anpacken", ist ebenfalls unfair. Sie ist scheinrational und sollte der nichtrationalen Argumentation zugerechnet werden.

Überzeugen und Überreden

Eng an den Unterschied zwischen rationaler und nichtrationaler Argumentation lehnen sich die Begriffe „Überzeugen" und „Überreden" an. Überzeugen ist ein rationaler Prozess: Ich bemühe mich, eine Aussage so zu begründen, dass der Hörer diese in seinen Wissensschatz aufnimmt und meiner Empfehlung folgt. Zum Beispiel kann ich begründen: „An aufgetauten Hähnchen bilden sich Salmonellen. Diese Salmonellen können beim Menschen Krankheiten bzw. sogar den Tod auslösen. Ein Beispiel hierfür ist X. Daher ist beim Zubereiten aufgetauter Hähnchen auf absolute Hygiene zu achten." Folgt der Hörer der Empfehlung, ist er überzeugt.

Formuliere ich die folgenden Sätze und nehmen wir an, sie sind wahr (was sie bzgl. der Statistik nicht sind): „Statistisch gesehen gibt es in Hamburg höchstens an 10 Tagen im August über 28 Grad Celsius. Nun ist heute bereits der 28. August und der erste Tag über 28 Grad. Die Chance, dass dies der einzige heiße Tag bleibt, ist angesichts des Regenwetters der vergangenen Tage hoch. Deshalb solltest Du den heutigen Tag für sommerliche Freizeitaktivitäten nutzen. Besonders bietet sich hier das Freibad X an. Es bietet genügend Schatten auf den Freiflächen, ermöglicht eine optimale Versorgung mit Getränken oder Eis und erlaubt die Abkühlung unter kalten Duschen oder im Wasser. Deshalb solltest Du mit ins Schwimmbad kommen.", dann habe ich auch hier versucht, den anderen rational zu überzeugen: Alle Aussagen sind überprüfbar.

Überreden bedeutet dagegen, durch Appell an Emotionen oder durch Druck jemanden zu einer Entscheidung zu drängen. Formuliere ich: „Mensch, nun komm doch mit ins Freibad. Das ist doch schön dort. außerdem weiß man in Hamburg nie, wann noch mal so schönes Wetter ist. Morgen kann es schon wieder regnen. Los, komm mit, jetzt denk nicht mehr nach. Ich pack jetzt schon mal Deine Sachen, und dann wirst Du einfach nicht mehr gefragt", so ist es eindeutig, dass der andere überredet werden soll. Die Alltagsprache nutzt dieses Wort ebenfalls, wenn der unter Druck gesetzte Hörer mault: „Immer willst Du mich dazu überreden, mit Dir ins Freibad zu kommen. Ich kann das nicht mehr hören!" Auch Formulierungen wie „Also der Pulli steht Ihnen so gut, den müssen Sie einfach mitnehmen, so eine gute Qualität zu diesem Preis finden Sie nie wieder" sind Versuche, andere zu überreden.

Überzeugen setzt eine langfristige Verhaltungsänderung in Kraft. Überreden bemüht sich dagegen nur um eine oberflächliche Verhaltensänderung. Überreden hat daher nur kurzfristigen Erfolg. Wer überredet wurde, ist bereit, die Einstellung bei nächstbester Gelegenheit zu ändern. Daher lässt sich Überreden auch als „Einmaleffekt" bezeichnen und wird z.B. gerne beim Verkauf von Trendprodukten (die in wenigen Wochen schon veraltet sind) eingesetzt.

Überzeugen löst Handeln aus. Überreden löst (reaktives) Verhalten aus.

Widerlegen und widersprechen

Eine fundierte Gegenargumentation, die der rationalen Überprüfung standhält, wird als Widerlegung bezeichnet. Der folgende Satz enthält eine rationale Gegenargumentation: „Zum Thema Desinfektion meiner Küchenzeile möchte ich folgendes sagen: Ich gebe Dir Recht, das bei aufgetauten Hähnchen absolute Hygiene notwendig ist. Salmonellen brauchen für ihre unkontrollierte Entwicklung allerdings Wärme. Da meine Küche Kühlhausbedingungen aufweist, reichen normale Hygienemaßnahmen wie Abwaschen und Hände waschen. Eine sofortige Desinfektion der Küchenzeile ist daher nicht notwendig." Unerheblich ist dabei, ob die Widerlegung den Tatsachen entspricht, d. h. der Sprecher sich geirrt hat oder die Widerlegung vom Hörer akzeptiert wird. Die rationale Auseinandersetzung mit der vorhergehenden Argumentation und das Bemühen, überzeugende Argumente für die eigene Position zu finden, wird als widerlegen bezeichnet.

Widersprechen ist einfaches Dagegenhalten. Wenn ich sage: „Deine Argumentation ist schlichtweg falsch. Nicht nur, dass Du wichtige Punkte vergessen hast, Du ziehst auch noch fehlerhafte Schlüsse und hast Vorurteile. Deshalb ist Deine Argumentation so nicht haltbar", dann formuliere ich Vorwürfe, ohne zu begründen. Selbst wenn die Vorwürfe stichhaltig sind, so bedürfen Sie doch der rationalen Absicherung: Was wurde vergessen? Welche Schlüsse waren fehlerhaft und warum? Welche Vorurteile wurden verbreitet? Wieso folgt daraus, dass die Argumentation nicht haltbar oder sogar falsch ist? Leider ist Widersprechen – nicht zuletzt durch Fernsehsendungen wie z.B. die täglichen Talkshows, die vielen Menschen ein negatives kommunikatives Vorbild bieten – sehr verbreitet worden. Widersprechen lässt sich dem Kampfgespräch zuordnen.

4.2 Argumentationsmodelle

Argumente, unabhängig davon, ob sie rational oder nichtrational sind, müssen strukturiert werden. Ist das Argument gut aufgebaut, ist es nachvollziehbar und regt zur Auseinandersetzung an. Der von Hellmut Geißner entwickelte **Fünfsatz** ist ein Argumentationsmodell, das die Strukturierung von Argumenten ermöglicht. Es kann auch zur Gliederung von Vorträgen und Präsentationen verwandt werden.

Arbeitsanregung: Einführung in die Fünfsatz-Technik

◆ Notieren Sie sich drei Zwecksätze. Der Inhalt ist frei zu wählen. Beispiel: „Deshalb sollten wir jetzt eine Pause machen" oder „Deshalb sollten die Rentenversicherungsbeiträge erhöht werden".

Deshalb ...

Deshalb ...

Deshalb ...

4.2.1 Aufbau

Der Fünfsatz besteht aus: Einleitung - Begründung - Begründung - Begründung - Zwecksatz

▪ Die **Einleitung** ist neutral. Sie dient der Vorstellung des Themas. Beispiel: „Ich möchte über das Thema XY sprechen."

▪ Der **Begründungsteil** besteht aus drei Punkten. Die Zahl drei ermöglicht unterschiedliche logische Verknüpfungen. Drei Begründungspunkte sind genug. Wären es mehr Punkte, hätte der Zuhörer u. U. Schwierigkeiten, sich die Aspekte zu merken.

▪ Der **Zwecksatz** beinhaltet die Behauptung, die begründet werden soll. Also zum Beispiel: „Deshalb bin ich für Schuluniformen."

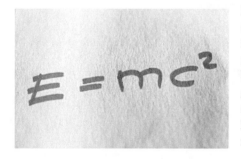

Die Abfolge der Elemente ist bewusst gewählt. Verkündet der Sprecher bereits am Anfang einer Argumentationsfolge seine Meinung, ist die Gefahr groß, dass sich der Zuhörer sofort eine Gegenmeinung überlegt und den eigentlichen Begründungteil überhört. Aus diesem Grund wird der Zwecksatz ans Ende gestellt. Der Zuhörer ist gezwungen, erst der Begründung zu folgen, bevor er erfährt, welches Resümee daraus zu ziehen ist. Auf diese Weise werden **Verstehensbarrieren**, wie z. B. **Vorurteile** oder vorzeitige Wertungen, minimiert.

4.2.2 Fünfsatzmodelle

Reihe

Die **Reihe** ist entweder pro oder kontra ausgerichtet. Der Redner spricht sich **in allen Punkten für oder gegen eine Sache** aus. Gegenpositionen werden in diesem Modell nicht angesprochen.

Der Mittelteil der Reihe entspricht einer Aufzählung. Dabei ist zu beachten, dass Einleitung und Zwecksatz zueinander passen und sich auch der Mittelteil konkret auf Einleitung und Zwecksatz bezieht.

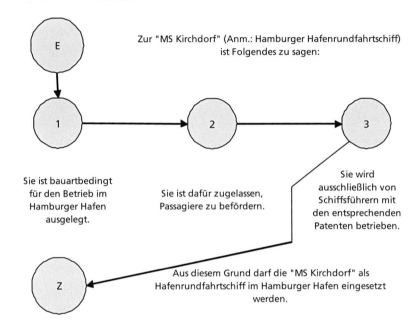

Die Reihe (1)

Diese Reihe ist rational. Alle drei Punkte sind nachweisbar und auf den Zwecksatz ausgerichtet. Der Mittelteil ist so formuliert, dass bis zum Zwecksatz gewartet werden muss, bis die Intention der Reihe deutlich wird. Einleitung und Zwecksatz sind aufeinander abgestimmt.

Auch die nächste Reihe ist rational, bewegt sich allerdings in einem Grenzbereich.

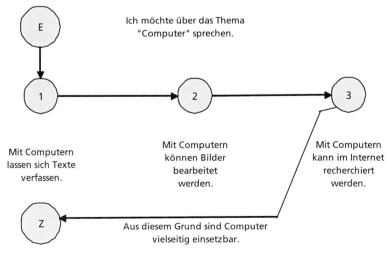

Die Reihe (2)

Einleitung und Zwecksatz sind stimmig, der Mittelteil ist aber nicht allgemeinverbindlich. Zwar weisen viele Computer die genannten Eigenschaften auf, aber nicht alle. Deshalb werden die Begründungspunkte mit einer „Kann-Bestimmung" abgeschwächt und gleichzeitig beweisbar gemacht. Dass man mit Computern surfen kann, ist nicht zu bestreiten. Dass Computer immer internetfähig sind, ist ein Vorurteil und entweder nicht rational oder sogar sachlich falsch.

Eine andere Möglichkeit, Rationalität zu erzielen, ist die Ich-Form: Mein Computer hat eine Textverarbeitung etc. Dann passen aber Einleitung und Zwecksatz nicht mehr. Er muss heißen: (E) Ich spreche über meinen Computer. (Z) Aus diesem Grund ist mein Computer vielseitig einsetzbar. Ich-Argumentation ist die schwächste Form der rationalen Argumentation. Zwar lässt sich der Fünfsatz beweisen, er erklärt aber lediglich die eigene Position. Zum Überzeugen anderer ist er nicht geeignet.

Arbeitsanregung: Die Reihe

◆ Bitte bilden Sie einen Fünfsatz zum Modell „Reihe". Gehen Sie dabei folgendermaßen vor:

■ Suchen Sie sich einen Zwecksatz heraus und schreiben Sie ihn unten in die Tabelle (1. Schritt).

■ Begründen Sie den Zwecksatz nach dem Reihenmodell (2.–4. Schritt).

■ Ganz zum Schluss fügen Sie bitte erst die (neutrale, nicht wertende) Einleitung hinzu (5. Schritt).

■ Verwenden Sie bitte kurze Sätze. Genaugenommen reichen sogar Stichworte aus.

■ Denken Sie daran, den Zwecksatz rational zu begründen. Falls es Ihnen schwer fällt, einen dritten Begründungspunkt zu finden, lösen Sie das Problem im Team.

5. Schritt	E
4. Schritt	-
3. Schritt	-
2.Schritt	-
1.Schritt	Z

◆ Zur Übung versuchen Sie bitte hier noch eine zweite Reihe zu erstellen:

5. Schritt	E
4. Schritt	-
3. Schritt	-
2.Schritt	-
1.Schritt	Z

◆ Lesen Sie dann Ihren Fünfsatz vor der Gruppe vor und analysieren Sie gemeinsam mit der Seminarleitung, ob der Fünfsatz stimmig und rational begründet ist.

In der folgenden Tabelle können Sie sich Notizen zur Korrektur machen. Vielleicht möchten Sie auch einen gelungen Fünfsatz eines anderen Seminarteilnehmers notieren.

Einleitung	
-	
-	
-	
Zwecksatz	
Einleitung	
-	
-	
-	
Zwecksatz	

Kette

Die **Kette** ist ebenfalls pro oder kontra ausgerichtet. Die Kette ist eine Fünfsatzkonstruktion, in welcher die **Elemente des Mittelteils aufeinander aufbauen**.

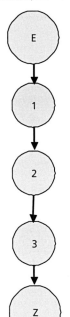

E — Die Hafenfähren vom Typ 2000 T sind für den Ein-Mann-Betrieb mit einem Schottelantrieb ausgerüstet.

1 — Wenn der Schottelantrieb ausfällt, kann das Schiff vom Kapitän nicht mehr an der Kaimauer gehalten werden.

2 — Das hat zur Folge, dass sich das Schiff je nach Tide vor- oder zurückbewegt.

3 — Das wiederum hat zur Folge, dass die Ein- und Ausstiegsklappe an den Pollern hängen bleibt und abreißt.

Z — Aus diesem Grund ist zu gewährleisten, dass bei den Fähren vom Typ 2000 T der Schottelantrieb nicht ausfällt.

Die Kette (1)

Diese Kette ist rational. Es gibt keine Ausnahme, da im Hamburger Hafen immer eine Tideströmung herrscht und alle Anleger Poller haben. Vorausgesetzt wird allerdings, dass das Schiff in Betrieb ist und nicht an der Kaimauer ankert.

Ebenfalls rational ist das folgende Beispiel, doch wird hier wieder getrickst:

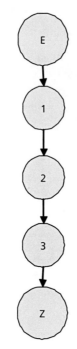

E — Zum Thema "Büroaugen-Syndrom" ist Folgendes zu sagen.

1 — Wenn man stundenlang ohne Pause auf den Computerbildschirm starrt, trocknen die Augen aus.

2 — Das hat zur Folge, dass sich die Augen leicht entzünden können.

3 — Das wiederum kann bedeuten, dass im schlimmsten Fall das Sehvermögen gefährdet ist.

Z — Aus diesem Grund sollte man während der Computerarbeit Entspannungsübungen für die Augen durchführen.

Die Kette (2)

Es ist nachweisbar, dass bei trockenen Augen die Gefahr von Entzündungen, z. B. mit Herpes-Viren steigt und in der Folge das Sehvermögen beinträchtigt werden kann. Es ist aber nicht zu garantieren, dass dies in jedem Fall und bei jeder Person passiert. Daher wird bei dieser Kette mit „Kann-Bestimmungen" gearbeitet, in der Hoffnung, dass der Zuhörer den Inhalt auf die eigene Person bezieht und sich überzeugen lässt.

Das Kettenmodell hat **manipulativen Charakter**. Durch den Aufbau der Folgewirkungen und die darin innewohnende Steigerung entsteht eine stärkere Plausibilität als in der aufzählenden Reihe. Die Kette wirkt selbst dann beweiskräftig, wenn der Inhalt nichtrational ist. Deshalb wird die Kette auch gern zu unseriösen Zwecken verwandt: (E) „Schauen wir uns Y mal an: (1) Wenn sie nicht ..., (2) dann ... (3) und das heißt ... (Z) und da Sie das nicht wollen, sollten Sie jetzt X bezahlen".

Arbeitsanregung: Die Kette

Auch die Kette sollte vom Zwecksatz ausgehend geplant werden. Einfacher ist es jedoch, bei Trockenübungen mit einer Grundprämisse („wenn X..., dann..." oder: „Wer X tut, der...") zu beginnen und die Folgen aufzuzeigen. Der Zwecksatz leitet sich dann daraus automatisch ab. Er sollte aber immer noch zur Einleitung passen.

Einleitung	
Prämisse	
↓	
↓	
Zwecksatz	

Auch diesen Fünfsatz sollten Sie in der Gruppe vorlesen und auf Stimmigkeit überprüfen lassen. Korrekturen können Sie in die folgende Tabelle aufnehmen:

Einleitung	
Prämisse	
↓	
↓	
Zwecksatz	

Dialexe

In der **Dialexe** werden **zwei gegensätzliche Positionen gegenübergestellt** und entweder in einer **Gemeinsamkeit** zusammengeführt (**Konsens**) oder **unauflöslich getrennt** (**Dissens**). Die Dialexe ist unverzichtbarer Bestandteil von Verhandlungen und Konfliktlösungsgesprächen. Sie wird vor allem von Gesprächsleitern genutzt und dient nicht primär der Überzeugung anderer, sondern der Reflexion, der Hilfestellung oder der Entscheidungsfindung. Wärend die Pro-und-Kontra-Modelle ausschließlich für einen Vorschlag plädieren, ist bei der Dialexe auch immer Raum für eine Neuausrichtung oder eine ungewöhnliche Lösung.

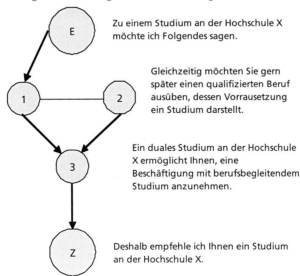

E — Zu einem Studium an der Hochschule X möchte ich Folgendes sagen.

1 — Wenn ich Sie richtig verstanden habe, möchten Sie nach dem Abitur sofort Geld verdienen.

2 — Gleichzeitig möchten Sie gern später einen qualifizierten Beruf ausüben, dessen Vorrausetzung ein Studium darstellt.

3 — Ein duales Studium an der Hochschule X ermöglicht Ihnen, eine Beschäftigung mit berufsbegleitendem Studium anzunehmen.

Z — Deshalb empfehle ich Ihnen ein Studium an der Hochschule X.

Diealexe

Der Mittelteil beinhaltet einen Konsens: Aus zwei widerstrebenden Positionen (Geld verdienen – Studium) wird ein gemeinsames, verbindendes Drittes abgeleitet. Diese Gemeinsamkeit ist nicht mit einem Kompromiss zu vergleichen: Ein **Kompromiss** könnte sein, erst eine Ausbildung zu machen und dann zu studieren. Der **Konsens** in der Dialexe ist dagegen ein weiterführendes Drittes, das beide Interessen zu gleichen Teilen in sich vereint.

Ein **Dissens** wäre in diesem Fall, dass bei (3) steht: Diese beiden Wünsche kann mir Hochschule Y nicht erfüllen. Der Zwecksatz wäre dann: Daher kommt Hochschule Y nicht in Frage.

Arbeitsanregung: Die Dialexe

◆ Setzen Sie sich zu zweit zusammen. Versuchen Sie im Team, eine Dialexe zu bilden. Tragen Sie den fertigen Fünfsatz danach der Gruppe vor.

▪ Beachten Sie, dass Sie zwei Aspekte eines Themas gegenüberstellen wie beispielsweise die guten und schlechten Seiten des Autos. Konsens könnte bei diesem Thema eine neue Entwicklung sein.

▪ Lautet ihr Thema Verkehrsmittel, kann der eine das Auto nutzen wollen und der andere die Bahn. Konsens könnte dann ein Autoreisezug sein.

▪ Keine gelungene Dialexe ist es, wenn eine Person in die Südsee möchte und die andere Person in die Anden und Sie sich dann am Bodensee treffen, weil dort zumindest Berge und Wasser sind. Dieser Konsens wäre wohl für beide Personen frustrierend.

▪ Beachten Sie, dass in manchen Fällen der dritte Begründungspunkt und der Zwecksatz ähnlich sind. Zum Beispiel: „Ein Kompromiss wäre ein Autoreisezug. Deshalb sollten wir den Autoreisezug nehmen."

	E	
-		-
	-	
	Z	

Korrektur:

	E	
-		-
	-	
	Z	

Ausschluss

Der **Ausschluss** ähnelt auf den ersten Blick der Dialexe. Er mündet aber nicht in einer Gemeinsamkeit, sondern **der Sprecher entscheidet sich für eine Seite.**

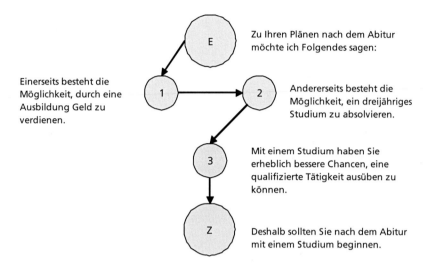

Zu Ihren Plänen nach dem Abitur möchte ich Folgendes sagen:

Einerseits besteht die Möglichkeit, durch eine Ausbildung Geld zu verdienen.

Andererseits besteht die Möglichkeit, ein dreijähriges Studium zu absolvieren.

Mit einem Studium haben Sie erheblich bessere Chancen, eine qualifizierte Tätigkeit ausüben zu können.

Deshalb sollten Sie nach dem Abitur mit einem Studium beginnen.

Ausschluss (1)

Die Punkte (1) und (2) des Mittelteils sind noch dialektisch formuliert, in Punkt (3) wird dann das Gewicht zugunsten des Studiums verschoben. Der Ausschluss ist manipulativ, da der Punkt (1) lediglich angesprochen, dann aber zur Seite geschoben, also „ausgeschlossen" wird. Daher der Name „Ausschluss".

Eine besondere Wirkung erhält der Ausschluss als Form der **Einwandbehandlung.** Hier ist darauf zu achten, dass die sich widersprechenden Teile (1) und (2) aufeinander beziehen. Die Widerlegung in (2) und (3) darf also nicht einer anderen Kategorie entstammen als in 1 angesprochen.

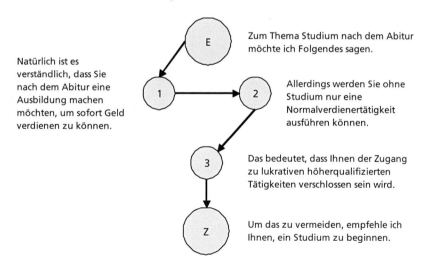

Zum Thema Studium nach dem Abitur möchte ich Folgendes sagen.

Natürlich ist es verständlich, dass Sie nach dem Abitur eine Ausbildung machen möchten, um sofort Geld verdienen zu können.

Allerdings werden Sie ohne Studium nur eine Normalverdienertätigkeit ausführen können.

Das bedeutet, dass Ihnen der Zugang zu lukrativen höherqualifizierten Tätigkeiten verschlossen sein wird.

Um das zu vermeiden, empfehle ich Ihnen, ein Studium zu beginnen.

Ausschluss (2)

Der Mittelteil bezieht sich aufeinander, da in allen Punkten der Verdienst aufgeführt ist und (2) und (3) unmittelbar die direkte Zeit nach dem Abitur ansprechen.

Wären (2) und (3) jedoch: (2) Allerdings haben deine Eltern auch studiert (3) und deine Freunde werden auch studieren, würde kein inhaltlicher Zusammenhang zu Teil (1) bestehen, so dass die Beweiskraft fehlen würde.

Die Punkte (2) und (3) des Ausschlusses können als Reihen- oder als Kettenglied aufgebaut werden.

Arbeitsanregung: Der Ausschluss

Wählen Sie eines der Themen Ihrer Reihe oder Kette aus. Denken Sie sich einen Einwand aus. Bestätigen Sie diesen im ersten Begründungsschritt und widerlegen Sie ihn dann argumentativ. Denken Sie an den Unterschied zwischen widerlegen und widersprechen. Lassen Sie sich daher gute Gründe einfallen, für das Gegenteil zu plädieren.

Beachten Sie bitte, dass der Einwand direkt nach der Einleitung kommt. Die folgenden zwei Begründungspunkte sollen den Einwand inhaltlich, mit zahlenmäßiger Überlegenheit und einer beweiskräftigen Hinführung zum Zwecksatz entkräften. Ziel ist, dass das Ende gut behalten wird, so dass die starken Argumente des Gegners ausgeschlossen = vergessen werden. Tragen Sie danach den Fünfsatz der Gruppe vor und überprüfen Sie seine Wirkung.

	E	
-		-
		-
		Z

Korrektur:

	E	
-		-
		-
		Z

Arbeitsanregung: Debatte

◆ Suchen Sie ein Pro- und Contra-Thema. Bitte achten Sie darauf, dass das Thema kontrovers zu diskutieren ist. Am einfachsten ist es daher, ein Thema zu wählen, in dem für oder gegen ein Verbot plädiert wird.

Themenvorschläge:

Pro und Contra	
Pro und Contra	
Pro und Contra	
Pro und Contra	
Pro und Contra	
Pro und Contra	
Pro und Contra	
Pro und Contra	
Pro und Contra	
Pro und Contra	

◆ Wenn Sie genügend Themen aufgelistet haben, machen Sie bitte erst ein Meinungsbild, was heißt, dass jeder zu jedem Thema seine Stimme abgeben kann. Dadurch kann man schnell erkennen, welche Themen bei möglichst vielen beliebt sind. Wählen Sie dann die beiden Themen mit der höchsten Stimmenzahl aus. Führen Sie dann eine Stichwahl durch, mit der das endgültige Thema bestimmt wird.

◆ Bilden Sie zwei Gruppen: Die eine Gruppe ist pro und die andere Gruppe ist contra. Bereiten Sie sich dann in zwei unterschiedlichen Räumen auf die Diskussion vor. Klären Sie in einem Klärungsgespräch Ihre Position. Überlegen Sie, welche Argumente die anderen präsentieren könnten. Sie haben 15 Minuten Zeit.

Pro-Position	Contra-Position

◆ Verteilen Sie die aufgelisteten Oberpunkte an die Mitglieder Ihrer Fraktion. Jeder sollte nun zu dem Thema des Oberpunktes einen Fünfsatz bilden. Auch dazu haben Sie 15 Minuten Zeit. Danach werden die Fünfsätze kontrolliert und aufeinander abgestimmt.

◆   Setzen Sie sich in den Gruppen an gegenüberliegende Tische.

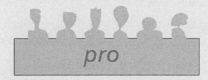

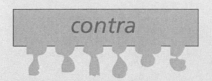

Vorbereitung auf die Debatte

Tragen Sie jetzt nacheinander Ihre Fünfsätze vor: Erst pro, dann contra, dann wieder pro, dann contra. Notieren Sie sich die Fünfsätze Ihres direkten Gegenübers mit. Wenn pro 1 beginnt, notiert contra 1 mit, wenn contra 1 spricht, notiert contra 2 mit.

Wenn alle fertig sind, beginnt die Runde nach einer kurzen Bedenkzeit wieder von vorne. Widerlegen Sie nun die Argumente Ihres Vorredners. Am besten im Fünfsatz. Oder in kurzen, knackigen, begründeten Gedanken. Jeder kommt mit der Widerlegung dran. Erst wenn alle jemanden widerlegt haben, beginnt die offene Runde.

Die offene Runde findet ohne bestimmte Regeln statt. Versuchen Sie, die anderen beweiskräftig zu überzeugen.

Videoauswertung

Anschließend wird die Übung ausgewertet. Kriterien:

■ Die Qualität der Fünfsätze

■ Die Qualität der Argumentation

■ Die Vorbereitung

■ Die offene Runde

■ Das eigene Sprechverhalten. Praxis: Argumentationsarten

Frage	Eigene Antwort	Beobachter
War Ihr Fünfsatz stimmig?		
War Ihre Gegenrede stimmig?		
Wurde Ihr Fünfsatz zufriedenstellend präsentiert?		
Konnten Sie dem Fünfsatz Ihres Gegenüber gut folgen?		
Wurde das Thema vorher hinreichend geklärt?		

Frage	Eigene Antwort	Beobachter
Wurde die eigene Position insgesamt hinreichend begründet?		
Fehlten bestimmte Aspekte?		
Hätten Sie andere Argumente von der Gegenseite erwartet?		
Gab es Unterthemen? Lassen sich diese Themen einzelnen Personen zuordnen?		
Wurden diese Themen in der offenen Runde beibehalten?		
Welche Person(en) hatte(n) in der offenen Runde die größten Redeanteile?		
Wer hat am wenigsten gesagt?		
Gab es in der offenen Runde eine Gruppenbildung?		
War es in der offenen Runde einfach, zu Wort zu kommen?		
Gab es Missverständnisse?		
Wurden diese ausgeräumt?		
Durfte jeder ausreden, oder wurde unterbrochen?		
Wurde sich gegenseitig zugehört?		
Wurde provoziert? Wie wurde mit Provokationen und Unsachlichkeiten umgegangen?		
Wie lässt sich die offene Runde einordnen: War es ein klärendes Gespräch, ein Überzeugungsgespräch oder ein Kampfgespräch?		
Wie schätzen Sie Ihr eigenes Gesprächsverhalten ein? In den ersten beiden Runden und in der offenen Runde?		
Hatten Sie sich vor dem Gespräch Ziele bezüglich Ihres Gesprächsverhaltens gesetzt?		
Haben Sie diese Ziele erreicht?		
Notizen: Wie sehe ich mich, wie sehen mich die anderen?		

Ach übrigens: Denken Sie immer daran: Es ist alles nur eine Übung. Nehmen Sie Ihre neuen Erkenntnisse locker und lachen Sie auch einmal über sich selbst. Beim nächsten Mal wird alles anders!

Verhandlungskonzepte

Verhandlungen sind ein eigenständiger Gesprächstyp. Es sind Gespräche, in denen Interessen austariert werden. Der Ausgang einer Verhandlung hängt nicht von der Qualität der Argumente, sondern dem strategischen Geschick der Beteiligten ab. Auch wenn Verhandlungen Phasen anderer Gesprächstypen beinhalten können, wie zum Beispiel klärende oder argumentative Phasen: Die eigentliche Verhandlung ist ein dynamischer Prozess, der am ehesten mit einem Pokerspiel zu vergleichen ist. In Verhandlungen gilt die Devise: „Erlaubt ist, was nutzt, solange es niemandem schadet".

In Deutschland war Verhandeln lange Zeit schlecht angesehen. Die christliche Tradition ließ zwar das Verhandeln um Macht, Einfluss oder Frieden zu, das Verhandeln um Geld wurde jedoch jüdischen Kaufleuten überlassen. Noch heute sind Begriffe wie „Feilschen" oder „Schachern" negativ besetzt. Erst die Reisen in fremde Länder haben die Einstellung vieler Deutscher verändert. Auf Basaren lernten sie die zentralen Grundregeln des Verhandelns: Verhandlungen zu führen ist ein Spiel. Der Prozess des Verhandelns bzw. der Weg zum Ergebnis zählt dabei mehr als das Ergebnis selbst. Schließlich ist ein Ergebnis, welches hart errungen wurde, viel schöner als ein Ergebnis, das einfach zu erzielen war. Daher sollte man Spaß am Spielen haben, um für das Verhandeln geeignet zu sein.

Verhandlungen kennt man vor allem als:

- Gerichtsverhandlungen
- Tarifverhandlungen
- Geschäftsverhandlungen
- Verkaufsverhandlungen

- Preisverhandlungen

- Verhandlungen um das Taschengeld und

- Friedensverhandlungen.

In all diesen Verhandlungen ringen die Beteiligten um einen Interessenausgleich. Zum Teil sind diese Verhandlungen sogar gesetzlich festgeschrieben, damit starke und schwache Partner die gleichen Ausgangspositionen haben, z. B. in Tarifverhandlungen. Erst wenn ein Ergebnis erzielt wird, ist eine Verhandlung beendet. Wird kein Ergebnis erzielt, ist die Verhandlung gescheitert.

Arbeitsanregung: Verhandlungen

◆ Notieren Sie in der folgenden Liste, welche Verhandlungen Sie aus Ihrem privaten und beruflichen Umfeld kennen.

....

....

....

◆ Erinnern Sie sich jetzt bitte an Verhandlungen, an denen Sie entweder selbst beteiligt waren oder von denen Sie ausführlich gehört haben. Überlegen Sie, wer an der Verhandlung beteiligt war und notieren Sie das Ergebnis.

Name der Verhandlung	Beteiligte	Ergebnis

5.1 Win-Win-Verhandlungen

Es gibt Verhandlungen, in denen das Ergebnis so gut gelungen ist, dass sich beide Parteien als Gewinner der Verhandlung fühlen. Diese Situation wird neudeutsch „Win-Win" (von englisch to win = gewinnen) genannt. Wird diese Situation bewusst herbeigeführt, redet man auch von Win-Win-Strategie.

Die Win-Win-Strategie wird vor allem bei langfristig orientierten Verhandlungen angewandt. Dahinter steht das Kalkül, dass ein Gesprächspartner, der „über den Tisch gezogen wurde", d. h. sich als Verlierer fühlt, in zukünftigen Gesprächen weniger offen und kompromissbereit sein wird. Daher bemüht man sich, die Bedürfnisse des Gesprächspartners – soweit bekannt – in die Strategien mit einzubeziehen.

Win-Win-Verhandlungen sind ratsam, wenn die Verhandlungspartner auch in Zukunft aufeinander angewiesen sind. Das gilt für Ehepartner genauso wie für Kollegen am Arbeitsplatz. Eine Win-Win-Verhandlung steigert die Zufriedenheit der Parteien mit dem Ergebnis und beugt Streit vor. Win-Win-Verhandlungen sind auch in den Beziehungen zwischen zwei Staaten zu empfehlen. Finden beide Seiten ihre zentralen Interessen im Vertragspapier wieder, hat ein Beschluss gute Chancen, beständig zu sein. Fühlt sich dagegen eine Seite nicht berücksichtigt, können die Verhandlungsführer im eigenen Land unter Rechtfertigungsdruck geraten. Im schlimmsten Fall wird das Verhandlungsergebnis als nationale Schande aufgefasst, so dass die Verhandlungsführer die öffentliche Meinung gegen sich haben. Derartige Situationen können Umstürze, Revolutionen oder sogar Krieg auslösen.

Die Verhandlungsführung wird auch gerne einer dritten Person übergeben, die aus einer neutralen Stellung heraus den Interessenausgleich gewährleistet. Diese Personen werden als Schlichter oder Vermittler bezeichnet. In Deutschland ist in Tarifauseinandersetzungen die Funktion des Schlichters gesetzlich festgeschrieben, falls es auf dem Verhandlungswege zu keiner Einigung kommt.

Ein prominenter Schlichter ist Jimmy Carter, ehemaliger Präsident der USA. Jimmy Carter leitete die Friedensgespräche in Camp David. Es wird ihm nachgesagt, dass er so langweilig war, dass die Verhandlungspartner keine andere Wahl hatten, als sich zu einigen, um ihn nicht weiter ertragen zu müssen. Inwieweit diese Einschätzung der Wahrheit entspricht, kann hier nicht beurteilt werden, aber es ist eine schöne Geschichte. In den Friedensgesprächen des Bosnienkrieges ist Jimmy Carter allerdings erfolglos geblieben. Hier waren die Fronten so verhärtet, dass eine Einigung zu diesem Zeitpunkt nicht möglich war.

Win-Win

5.2 Alles oder Nichts

Das Gegenteil von Win-Win-Verhandlungen sind Alles- oder-Nichts-Verhandlungen, in denen es nur einen Gewinner gibt. Das muss jedoch nicht negativ sein: Es gibt Situationen, da kann es nur einen Gewinner geben, oder man muss sich durch Alles-oder- Nichts-Strategien Respekt verschaffen. Und manchmal können langfristige Verhandlungen erst dann geplant werden, wenn durch eine Alles-oder-Nichts- Strategie die Machtverhältnisse geklärt wurden. Ein gutes Beispiel für den Nutzen von Alles-oder- Nichts-Verhandlungen sind Gerichtsverhandlungen. Ist der Angeklagte unschuldig, so ist es unsinnig, in der Gerichtsverhandlung einen Kompromiss eingehen zu wollen.

Daher wird der Verteidiger alles mögliche tun, damit der Angeklagte freigesprochen wird („Alles") und alles vermeiden, dass er schuldig gesprochen wird („Nichts").

Alles-oder-Nichts-Verhandlungen können auch in Win-Win-Verhandlungen übergehen. Im amerikanischen Gerichtssystem, das man aus amerikanischen Fernsehserien oder Hollywood-Filmen kennt, kämpfen Staatsanwalt und Verteidiger ebenfalls um Alles oder Nichts. Es gibt aber auch Fälle, in denen dieses Prinzip verlassen werden muss. Ist ein Angeklagter unschuldig, hat aber aufgrund bestimmter Eigenschaften die öffentliche Meinung bzw. die Geschworenen gegen sich, so wird die Chance, dass er schuldig gesprochen wird, sehr groß sein („Nichts"). In einem derartigen Fall wird der Verteidiger vor dem Prozess die beteiligten Parteien bitten, zu verhandeln.

Das Ergebnis dieser Verhandlung kann sein, dass sich der Angeklagte trotz seiner Unschuld schuldig bekennt, um seine Strafe abzumildern. Oder anders ausgedrückt: Der Angeklagte bekennt sich schuldig im Sinne der Anklage, verschafft dem Staatsanwalt einen Erfolg und erspart dem Staat einen aufwendigen Rechtsprozess. Dafür bekommt er eine geringere Strafe als zu erwarten ist, wenn er schuldig gesprochen wird. Eine Vereinbarung auf Gegenseitigkeit, die – da sie von beiden Seiten akzeptiert wird – auch gerecht zu nennen ist und ein „Win-Win"-Ergebnis aufweist. Die Alles-oder-Nichts-Strategie wird aufgrund der starken Machtposition der einen Seite (der Staatsanwaltschaft bzw. der Geschworenen) zu Gunsten eines besseren Ergebnisses verworfen.

Alles-oder-Nichts-Verhandlungen sind im Bereich des Kaufens und Verkaufens sehr verbreitet. Kauft jemand ein Haus oder ein Auto, so ist er an einem günstigen Preis interessiert. Sein Ziel ist, die Verhandlung zu gewinnen. Nur wenige Menschen sind in dieser Situation bereit, einem Verkäufer, der das Geld dringend braucht, entgegenzukommen. Von dieser Einstellung leben Schnäppchenmärkte, die Waren aus Geschäftsauflösungen oder Versicherungsschäden günstig aufkaufen und weiterverkaufen. Nachdem im August 2001 das Rabattgesetz gefallen ist, können auch Privatkunden über 3% Preisnachlässe erhandeln, wenn sie das nötige Geschick dazu haben. Besonders erfolgreich beim Verhandeln sind Prominente, die einen Marktwert besitzen. Sie können dem Verkäufer ein Ultimatum stellen: Entweder der Verkäufer kommt dem Prominenten deutlich mit dem Preis entgegen, oder der Prominente wird dieses Geschäft nie wieder betreten. Die Alles-oder-Nichts-Strategie funktioniert hier bestens. Da sich Geschäfte kein negatives Image leisten können (oder wollen), akzeptieren sie die Forderungen in der Hoffnung, dass der Prominente weitere Käufer anzieht.

Letztlich stellt sich vor jeder Verhandlung aber die Frage, ob ein langfristiger oder ein kurzfristiger Verhandlungserfolg vorteilhaft ist und welche Konsequenzen die Strategie mit sich bringt. Grundsätzlich verurteilen lässt sich eine Alles-oder-Nichts-Verhandlung nicht.

5.3 Grundlagen der Verhandlungsführung

Verhandlungen bestehen aus drei Bausteinen:

- ▥ Der Sache,

- ▥ der Beziehung und

- ▥ der Strategie / Taktik.

Diese drei Bausteine werden im Folgenden genauer erläutert.

5.3.1 Die Sache

In Verhandlungen geht es um Standpunkte, die vorbereitet und mit Wissen gefüllt werden müssen. Die Beteiligten müssen sich daher Gedanken über Inhalte, Gesprächspartner, Verhandlungsrahmen etc. machen. Diese Punkte sind Gegenstand der Sachvorbereitung.

In der Sachvorbereitung geht es im Gegensatz zur Diskussionsvorbereitung nicht darum, Argumente zu finden, welche die eigene Meinung untermauern. Vielmehr werden hierbei die unterschiedlichsten Arten von Informationen gesammelt, um die eigenen Interessen zu stützen und die Gegenseite in Richtung der eigenen Interessen zu lenken. Sofern Argumente gesammelt werden, haben diese allein den Zweck, den Zuhörer für die eigenen Position einzunehmen. Es ist unerheblich, ob die Argumente rational oder nichtrational, wahr oder erfunden sind.

Ein Beispiel kann dies besser verdeutlichen: Denken Sie an Gerichtsprozesse in amerikanischen Fernsehfilmen oder -serien. Nur selten sehen Sie Filme, in denen der Angeklagte ausschließlich mit Hilfe von Beweisen, Gegenbeweisen und überzeugenden rationalen Argumentationen verteidigt wird. Eine derartige Vorgehensweise entspräche einer Pro-Contra- Debatte, sie ist aber nur dann anwendbar, wenn die Beweislage so eindeutig ist, dass der Prozess eigentlich gar nicht stattfinden müsste. In diesem Fall ist keine Verhandlung nötig, es kann daher diskutiert werden. Anders ist das, wenn der Fall aussichtslos ist. Dann muss geschickt verhandelt werden. Daher ist eine völlig andere Qualität des Wissens gefragt, nämlich Informationen, welche den eigenen Interessen nützen. Die Verteidigung kann den Prozess zum Beispiel gewinnen, wenn es ihr durch geschicktes Taktieren gelingt, die Glaubwürdigkeit der Zeugen zu erschüttern. Auf diese Weise können sich selbst hieb und stichfeste Argumente der Gegenpartei ohne Gegenargumentation in Nichts auflösen.

Vorbereitung

In der Vorbereitung ist zwischen der eigenen Position und der Position der Gegenseite zu differenzieren. Aus beider Sicht werden die zentralen Positionen durchdacht, um eine Vielzahl von Handlungsmöglichkeiten zu erhalten.

Vorbereitung der eigenen Position:

- Welches Thema hat die Verhandlung aus meiner Sicht?

- Welche Interessen vertrete ich / wir (mehr Service, andere Lieferkonditionen)?

- Welche Personen sind an der Verhandlung beteiligt?

- Wie begründe ich meine / unsere Interessen? (Achtung: nicht meine Meinung, sondern meine Interessen!) Oder anders ausgedrückt: Welche Begründungen könnten für die Gegenseite verständlich / handlungsrelevant sein? In einer Verhandlung forderte eine Mitarbeiterin neue Lampen mit der Begründung, dass diese viel geeigneter seien und gut zum Arbeitsplatz passen würden. „Schön", sagte der Unternehmer, „Sie mögen also diese Lampen. Aber warum soll ich sie kaufen?"

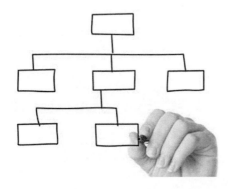

- Welche persönlichen Eigenschaften habe ich / haben wir? Wie können wir diese Eigenschaften (Hartnäckigkeit, Diplomatie etc.) strategisch einsetzen?

- Welche inhaltlichen Informationen können und müssen wir den Verhandlungspartnern liefern? Welche Informationen dürfen die Gesprächspartner auf keinen Fall erhalten?

- Welche inhaltlichen Informationen müssen wir in der Verhandlung einfordern?

- Welche Fragen gilt es zu stellen?

- Welchen Verhandlungsspielraum haben wir?

- Wie sieht unsere strategische Ausgangsposition aus?

- Welche Strategien wären denkbar?

Hineindenken in die Gegenposition:

- Welche Informationen habe ich / haben wir über die Gegenseite (zum Beispiel Branche, Firma, Liquidität)?

- Wer wird von der Gegenseite an der Verhandlung beteiligt sein? Was wissen wir über diese Personen: Alter, Charakter, berufliche Laufbahn, Familienstand, private Interessen etc.?

- Was könnte die Gegenseite mit dem Thema verbinden?

- Welche Positionen könnte sie haben?

- Welche Interessen können vermutet werden?

- Welche Strategien könnten die anderen anwenden?

Allgemeine Vorbereitung:

- An welchem Ort findet die Verhandlung statt?

- Welche Besonderheiten weist dieser Ort auf?

- Welche Sitzordnung ist empfehlenswert?

- Zu welcher Uhrzeit findet die Verhandlung statt? Ist die Verhandlung spät angesetzt und die Beteiligten müssen noch ihr Flugzeug bekommen, wird die Verhandlung unter Zeitdruck stehen. Das muss vorher geklärt werden.

- Welche Unterlagen müssen bereit liegen?

- Muss für Essen und Trinken gesorgt werden?

Je nach Situation kann die Liste der Vorbereitungspunkte erweitert werden. In vielen Fällen lassen sich einzelne Punkte aber erst während der Verhandlung klären. Die Informationen dienen daher nur als Grundlage. Wer in einer Geschäftsverhandlung die branchentypischen Probleme der Gegenseite nicht kennt, wird den Verhandlungserfolg unnötig gefährden. Wer sich mit Folien vorbereitet hat, da er einen Besprechungsraum mit technischer Ausstattung erwartet, wird es schwer haben, wenn die Verhandlung im Café statt findet. Allerdings kann eine Ortsverlagerung auch spontan entschieden worden sein, um den Gesprächspartner (der für seine Folien bekannt ist!) zu verunsichern. Die beste Vorbereitung ist daher eine breitgestreute, flexible Vorbereitung, denn Verhandlungen sind nicht berechenbar.

Situationsmacht

In jeder Verhandlung hat eine Seite die bessere strategische Ausgangsposition, dominiert also die Situation. Sie hat die Situationsmacht. Bewirbt sich ein Bewerber bei einem attraktiven Unternehmen, so hat das Unternehmen die Situationsmacht. Es kann unter einer Vielzahl hochqualifizierter Bewerber aussuchen und somit die Situation bestimmen.

Jede Partei ist darauf bedacht, die Situationsmacht des anderen abzuschwächen, um die Situation selbst zu dominieren. Der Bewerber muss daher in der Vorbereitung seine Stärken suchen. Wird ihm bewusst, dass ein attraktives Unternehmen von guten Mitarbeitern abhängig ist, verbessert er seine strategische Ausgangsposition. Gelingt es ihm dann im Gespräch, selbstbewusst aufzutreten und sich in der Verhandlung als „begehrenswert" darzustellen, ist das Machtverhältnis ausgewogen und die Verhandlung offen.

Die Kunst ist also, sich in die Situationsmacht zu bringen, auch wenn die strategische Ausgangsposition zunächst ungünstig erscheint.

Verhandlungsrahmen

Der Verhandlungsrahmen legt den Spielraum nach oben oder nach unten fest. In diesem Rahmen bewegt sich das Verhandlungsergebnis. Bewirbt sich jemand um eine Stelle, muss er wissen, welche Gehaltsvorstellungen er hat. Er muss in der Lage sein, Forderungen zu stellen und bei schlechten Angeboten ablehnen können.

Wer seinen Verhandlungsspielraum nicht kennt, neigt dazu, schlechter gestellt zu werden. Noch immer verdienen in der freien Wirtschaft Männer oftmals erheblich mehr Geld als Frauen. Das liegt nicht nur daran, dass sie bevorzugt werden. Sie fordern einfach mehr. Sie setzen den oberen Verhandlungsrahmen höher an. Während sich Frauen realistisch einschätzen, testen Männer ihren Marktwert bis zur oberen Grenze aus. Werden beide nun um den gleichen Betrag heruntergehandelt, erhält der Mann natürlich mehr. Außerdem vertreten viele Männer ihren Anspruch so selbstbewusst und glaubwürdig, dass sie kompetenter erscheinen und der Gehaltsvorteil gerechtfertigt scheint.

Wichtig ist es, auch eine untere Grenze festzulegen. Eine Freundin erzählte einmal von ihrer Gehaltsverhandlung. Sie bewarb sich als Schreibkraft und überlegte lange, was sie fordern solle. Da sie arbeitslos war und dringend Geld brauchte, entschied sie sich für 1.800 € brutto, das waren immerhin 200 € mehr als bisher und der Betrag, den sie zum Leben brauchte. In der Gehaltsverhandlung forderte sie tapfer diesen Betrag, während der zukünftige Arbeitgeber dagegen hielt („Sie wissen, Personal kostet Unmengen von Geld"). So wurde längere Zeit hin und her geredet, aber sie wich von ihrem Limit nicht ab. Schließlich fragte der potentielle Arbeitgeber dann: „Ja, Frau X, von diesem Betrag wollen Sie also wirklich nicht abweichen?" „Nein!" sagte meine Freundin. „Und das ist Ihr letztes Wort?" „Ja!" sagte meine Freundin. „Gut, dann wollen wir mal ganz offen reden. Finden Sie nicht, dass der Betrag zu niedrig ist? Sie haben in dieser Verhandlung gerade Ihre Qualitäten unter Beweis gestellt. Wissen Sie was, ich zahle Ihnen 2.200 €, dann kündigen Sie jedenfalls nicht nächste Woche. Sind Sie damit einverstanden?" Meine Freundin nahm an und konnte ihr Glück kaum fassen. Hätte sie ihren Verhandlungsrahmen verlassen, hätte sie die Stelle nicht bekommen. Denn verhandeln heißt zu wissen, was man will.

Ergebnissicherung

Eine Verhandlung endet mit dem Verhandlungsergebnis. Das Ergebnis ist erst verpflichtend, wenn es gesichert wurde. Diese Sicherung kann durch Handschlag, Protokoll, Bestätigungsfax, Vertragsunterzeichnung oder notarielle Vertragsbesiegelung geschehen. Die schriftliche Absicherung ist der mündlichen vorzuziehen. Zwar sind mündliche Vertragsabsprachen ebenfalls bindend, doch ist es im Streitfall schwer, seine Ansprüche geltend zu machen. Wer eine neue Wohnung sucht, sollte die alte Wohnung erst kündigen, wenn der neue Mietvertrag unterzeichnet ist.

Um das Ergebnis abzusichern finden viele Verhandlungen in großer Runde statt. Die Anwesenheit von Zeugen erleichtert die Ergebnissicherung und hilft bei der Beurteilung der Sachverhalte. Kündigt sich die Gegenpartei mit zwei Personen an, ist es ratsam, ebenfalls einen Zeugen teilhaben zu lassen, damit die Parteienstärke ausgewogen ist. Dreiergespräche sollten nur geführt werden, wenn die dritte Person als Vermittler auftritt oder das Protokoll führt. Das Protokoll kann am Ende der Verhandlung gemeinsam unterschrieben werden.

Die Ergebnissicherung sollte niemandem peinlich sein. Es gibt Menschen, die sich nicht trauen, nach dem Vertrag zu fragen, weil sie denken, das wäre ein Misstrauensbeweis. Sie nehmen mit dieser Haltung in Kauf, „über den Tisch gezogen" zu werden. Verweigert oder verzögert der Gesprächspartner die schriftliche Vertragsausgestaltung, hat er etwas zu verbergen. Dann gilt: Finger weg! Ist der Vertragspartner dagegen an einer vertrauensvollen Basis interessiert, hat er das Interesse, die Vereinbarungen schriftlich festzuhalten. Deshalb sollte man immer an die Ergebnissicherung denken.

Wissensnetzwerk

Wer verhandelt, braucht Informationen. Daher ist es notwendig, über ein Netzwerk von Kontakten und Informationsquellen zu verfügen. Ob Internetrecherche, Zeitung lesen, ein großer Freundeskreis, Kontakte zu unterschiedlichen Unternehmen, Verbandsmitgliedschaften, Bibliotheksausweise – alles dient dazu, im Ernstfall wichtige Informationen zu erhalten.

Netzwerke aufzubauen dauert lange. Außerdem bedürfen sie regelmäßiger Pflege. Daher darf bei der Wissensbeschaffung nicht in Kosten- und Nutzen-Kategorien gedacht werden. Manch ein Kontakt ist vielleicht nie hilfreich, und anderer Kontakt, der zunächst unwichtig schien, dafür um so mehr. Verhandeln heißt also auch: Augen und Ohren offen halten.

Zeit

Wer verhandelt, braucht Zeit. Es gibt Verhandlungen, die dauern eine halbe Stunde, es gibt Verhandlungen, die dauern Tage, es gibt Verhandlungen, die ziehen sich jahrelang hin. Wer keine Geduld hat, hat in Verhandlungen nichts zu suchen.

5.3.2 Die Beziehung

Die Beziehung zwischen den Verhandlungspartnern bestimmt den Verlauf einer Verhandlung maßgeblich. Stimmt „die Chemie" zwischen den Partnern, fällt die Einigung leichter. Sind sich die Verhandlungspartner unsympathisch, so wird ein gemeinsames Ergebnis erschwert. Daher ist es wichtig, im Voraus eine freundliche Gesprächsatmosphäre zu schaffen. Eine positive Beziehungsebene ist nicht nur bei langfristigen Verhandlungen wichtig. Da man sich laut Sprichwort „immer zweimal im Leben trifft", sollte man auch in Alles-oder-Nichts-Verhandlungen den Gesprächspartner respektieren.

Warming-up

Ein wichtiger Bestandteil des „Warming-up", der Aufwärmphase einer Verhandlung, ist der Small-talk, das Gespräch über einfache Themen. In dieser Phase bemühen sich die Gesprächspartner um eine gemeinsame Gesprächsbasis, um eine positive Beziehung zueinander aufzubauen. Man unterhält sich über aktuelle Themen, über gemeinsame Hobbys oder über die allgemeine wirtschaftliche Lage in Deutschland. Im warming-up geht es nicht um ein echtes Interesse an der anderen Person. Es geht darum, dem Gesprächspartner ein Bild der eigenen Person zu vermitteln, das den eigenen Interessen dient. Genaugenommen versucht man, sich gegenseitig besser einzuschätzen, indem man Informationen liefert, welche die Karten des Gegners

aufdecken, die eigenen jedoch verdecken sollen. Kennt man sich länger und besser, führt dies zu interessanten Ritualen, die keinesfalls durchbrochen werden dürfen. Warmingup dient dazu, durch das Feststellen von Gemeinsamkeiten ein positives Verhältnis zum Gesprächspartner aufzubauen. Dies schützt aber nicht vor einer harten Verhandlung. Persönliche Wertschätzung und Geschäft haben nichts miteinander zu tun.

Die Themen Politik, Religion und Privatleben sollten im warming-up vermieden werden. Sie bieten zu viel Konfliktpotential. Vorsicht ist auch bei Details aus dem Privatleben geboten. Diese können später gegen einen verwendet werden. Bereits die Nennung der privat bevorzugten Automarke ist heikel, da sie Vorurteile hervorrufen kann. Die Wahl des Autos liefert außerdem Rückschlüsse über den Verwendungszweck, das monatliche Budget und die Persönlichkeit des Fahrers.

In interkulturellen Verhandlungen kann das Privatleben dagegen wichtig sein. Türkische Gesprächspartner interessieren sich für die Familie. Wer eine große Familie hat und seine Familie liebt, gilt als vertrauenswürdiger als ein alleinstehender Mensch.

Interkulturelles Verhandeln

Interkulturelles Verhandeln ist schwierig. Jede Kultur, jedes Land hat unterschiedliche Gepflogenheiten, die zu beachten sind. Bereits innerhalb Deutschlands lassen sich Unterschiede feststellen: Kommt man in Hamburg lieber schnell und distanziert zum Punkt, wird im süddeutschen Raum erst mal „geschwätzt", bevor die Verhandlung beginnt.

Als Freunde von mir in Frankreich Verhandlungen führten, mussten sie sich erst daran gewöhnen, dass Franzosen erst stundenlang essen, bevor verhandelt wird. Dagegen ist es in Deutschland üblich, entweder erst zu verhandeln und dann zu essen („erst die Arbeit, dann das Vergnügen") oder während des Essens zu verhandeln. Daher wirken Deutsche auf andere Kulturen oft steif und fremd.

Wer in anderen Ländern Verhandlungen führt, sollte ein Seminar für interkulturelles Verhandeln besuchen.

Vermeiden

Die Liste dessen, was zu vermeiden ist, ist von Situation zu Situation unterschiedlich. Hat man mit unprofessionellen oder sehr emotionalen Gesprächspartnern zu tun, sollte man alles vermeiden, was negative Verstimmungen auslösen kann. Verzichtet werden sollte dann zum Beispiel auf Widersprechen, Gegenargumentieren, die (unangenehme) Wahrheit sagen und persönliche Angriffe. Es gibt aber auch Gesprächspartner, die Streit, auf den Tisch Hauen, Drohen und persönliche Angriffe in Verhandlungen als „Salz in der Suppe" schätzen.

Professionelle Gesprächspartner wissen, dass persönliche Angriffe in partnerschaftlichen Verhandlungen lediglich Strategien sind, die zwar persönlich formuliert, aber nicht persönlich gemeint sind. Sie ärgern sich nicht über den anderen, sondern überlegen, welche Interessen dahinter stehen und welche Strategie sie dem Angriff entgegensetzen können.

Generell zu vermeiden ist nur, dass der Gesprächspartner „sein Gesicht verliert". „Gesicht verlieren" bedeutet, dass der Gesprächspartner nicht mehr in der Lage ist, seine Autorität, sein Selbstbild oder seine Rolle aufrecht zu erhalten. Wird diesem Menschen keine Rückzugsmöglichkeit eingeräumt, ist die Beziehung zerstört.

Arbeitsanregung: Rollenspiel

Überlegen Sie, ob es eine Verhandlungssituation gibt, die Sie gerne ausprobieren würden. Zum Beispiel eine Gehaltsverhandlung oder die Verhandlung mit einem Ihrer Kollegen. Schreiben Sie die Rolle des zweiten Person auf einen Zettel und geben Sie die Rolle einem Seminarteilnehmer, der Ihrer Vorstellung von Ihrem Gesprächspartner am nächsten kommt. Anschließend wird die Situation zusammen mit der Gruppe analysiert.

Notizen:

....

....

....

5.3.3 Die Strategie und Taktik

Laut dem Duden bedeutet Strategie griech. Kriegskunst, genau geplantes Vorgehen; Taktik bedeutet geplantes Vorgehen, kluges Verhalten und planmäßige Ausnutzung einer Lage bzw. militärische Kriegskunst.

Strategie und Taktik sind die Würze jeder Verhandlung. Verhandlungsführung ist eine Form der Kriegskunst mit friedlichen Mitteln. Kriegskunst ist die Kunst, mit möglichst wenig Verlusten einen Sieg zu erzielen. Das trojanische Pferd ist ein Beispiel für Kriegskunst und Kriegslist. Mit dem sinnlosen Abschlachten von Menschen im zweiten Weltkrieg oder der Vernichtung von Völkern durch Bomben hat Kriegskunst nichts gemein. Indianische Kulturen pflegten kriegerische Auseinandersetzungen als Kräftemessen. War in den eigenen Reihen genug geübt worden (Kriegsspiele), wurden die Kräfte in der Auseinandersetzung mit dem Gegner erprobt. Jungen konnten auf diese Weise zum Mann und Krieger werden. Auch das Schachspiel ist militärischen Ursprungs. Es diente Feldherren zur Schulung strategischer Fähigkeiten.

Die Schlacht – Verbalschlacht

Verhandeln ist Kriegskunst mit Worten. Strategie und Taktik entscheiden über den Erfolg und sichern die Handlungsfähigkeit in schwierigen Situationen. Strategie und Taktik werden in der Vorbereitungsphase festgelegt und müssen während des Gespräches angepasst werden. Man kann die Strategie als Rahmenkonzeption bezeichnen, die durch die Taktik in Handlungsschritte umgesetzt wird. Im Allgemeinen werden die Begriffe Strategie und Taktik jedoch synonym benutzt.

Verhandlungen gewinnt man nicht durch die besseren Argumente, sondern durch die beste Strategie.

Arbeitsanregung: Selbstreflexion

Wählen Sie eine Verhandlung aus, die Sie emotional sehr berührt hat. War diese Verhandlung erfolgreich? Haben Sie sich über die Verhandlung geärgert?
Notieren Sie bitte den Ablauf der Verhandlung und schildern Sie Ihre Eindrücke.

....

....

....

Bewertung

Wie würden Sie die eben beschriebene Verhandlung einordnen? War die Verhandlung fair oder unfair?

Welche Stichworte aus den Grundlagen der Verhandlungsführung haben Sie wiedererkannt?

Sache	
Bezeichnung	
Strategie	
Welche Punkte waren verhandlungs-entscheidend?	
Bemerkungen	

Hard-selling und soft-selling

Diese Begriffe kommen aus dem Verkauf. Sie lassen sich wörtlich mit „**hartes Ver-kaufen**" und „**weiches Verkaufen**" übersetzen.

Wer hart verkauft, fährt eine „Alles-oder-Nichts"- Strategie. Er nutzt die Schwächen des Gegners, um sein Ziel zu erreichen. Naivität, Unerfahrenheit, Angst („Sie müs-sen dieses Angebot nicht annehmen, es ist ihr Recht, diesen Raum zu verlassen") oder eine schlechte Positionierung des Gegners lassen ihn gewinnen. Gesprächs-partner können sich im Nachhinein übervorteilt oder „über den Tisch gezogen" fühlen.

Hart verkaufen heißt aber auch, seinen Standpunkt nicht kampflos preiszugeben. Kinder sind Spezialisten im hard-selling: Sie wiederholen ihr Anliegen so oft („darf ich heute Fernsehen gucken?" „Nein, erst räumst Du Dein Zimmer auf"), bis die Eltern entnervt aufgeben. Ergebnis: Das Zimmer wird später aufgeräumt. Und die Eltern rechtfertigen ihr Nachgeben durch das Argument, dass sie jetzt zumindest in Ruhe arbeiten können. Auch das ist hartes Verkaufen. Ein Totalsieg, der mit Harmo-nie endet.

Soft-selling äußert sich in übertriebenem Nachgeben. Wer in einer Verhandlung ängstlich reagiert, Angst hat, zu hart zu sein und schnell nachgibt, ist Soft-seller. Diese Menschen handeln sich in Gehaltsverhandlungen selbst herunter („ich hätte gerne 3.500 brutto, doch wenn Ihnen das zu viel ist, dann würde ich natürlich auch für 3.200 brutto arbeiten, weil mich die Stelle interessiert. Auch Menschen, die ihr Auto unter Preis verkaufen, weil die Polster verschlissen sind, gehören zu den (lie-benswerten) Soft-sellern. Soft-selling heißt aber auch, die Interessen der Gegenseite mit einzubeziehen. Merkt der Verhandlungspartner, dass die Gegenseite gerne kau-fen würde, aber den Preis tatsächlich nicht zahlen kann, bedeutet soft-selling, ge-meinsame Lösungen zu suchen. Gerade bei langfristigen Verhandlungen ist diese Strategie empfehlenswert. Man hat dann „etwas gut" und kann beim nächsten Mal Entgegenkommen einfordern.

Beide Strategien haben Vorteile und Nachteile. Ideal ist daher der Mittelweg: Hart in der Sache, kompromissbereit beim Ergebnis.

Guter Onkel, böser Onkel

Diese Strategie wird gerne in Kriminalfilmen gezeigt. Der böse Onkel ist ein Kommissar, der gegenüber dem Verdächtigen aus-fallend wird und ihm Angst macht. Er wird vom guten Onkel gebremst, der dem Verdächtigen eine Zigarette anbietet und die Dankbarkeit des Verdächtigen ausnutzt.

Diese Strategie ist ein Rollenspiel, das bei Verhandlungen mit mehreren Beteiligten gerne angewendet wird. Hard-sellling und soft-selling kann auf diese Weise geschickt eingesetzt werden.

In der Verhandlungspraxis muss bei diesen Strategien gar keine zweite Person an-wesend sein, um diese Taktik auszuüben.

Beispiel: Sie wollen eine Rechnung, die überfällig ist, einfordern. Es ist Ihr Kunde, Sie haben die Beratung und Betreuung übernommen. Nun die fehlende Zahlung anzumahnen, kann unter Umständen die Beziehung schädigen. Deswegen schie-ben Sie in Ihrem „Mahntelefonat" einen „bösen Onkel" vor: „Ich weiß ja, wir arbei-ten gut zusammen und alles läuft prima. Aber meine Kollegin hat gesehen, dass die Zahlung noch nicht eingetroffen ist und macht mir nun die Hölle heiß. Mir wäre es egal, ich kenne Sie ja. Aber Sie hat gesagt, ich darf Sie nicht mehr beraten, bis die Zahlung erfolgt ist. Ich habe auch mit ihr geredet, aber sie ist da unnachgiebig!"
Sie sind der „gute Onkel" und behalten Ihre positive Rolle. Ihre (manchmal sogar imaginäre) Kollegin ist der „böse Onkel"!

Überhöhte Forderungen stellen

Diese Strategie ist weit verbreitet. Man setzt ein Auto, das 2000 Euro wert ist, für 3.500 Euro VB (Verhandlungsbasis) in die Zeitung. Dann lässt man sich nach Belieben herunterhandeln. Treffen sich die Verhandlungspartner in der Mitte, haben beide Vertragspartner einen Gewinn gemacht. Verzichtet der Käufer auf das Verhandeln, hat der Käufer ein gutes Geschäft gemacht.

Salami-Taktik

Diese Taktik bezeichnet ein schrittweises Hoch- oder Herunterhandeln. Ein Beispiel: Der Verkäufer verlangt für sein Auto 3.500 Euro. Während der Verhandlung zieht der Käufer 300 Euro für die kaputte Tür ab. Dann muss der Verkäufer für die Lackkratzer 200 Euro Preisnachlass gewähren. Mit weiteren 200 Euro schlägt der hohe Kilometerstand zu Buche usw.

Die Salami-Taktik ist beliebt, weil der Verkäufer nicht mit einem hohen Abschlag geschockt wird, sondern sich sanft an die neue Zahl gewöhnen kann. Daher muss man bei Preisverhandlungen sehr vorsichtig sein. Wer einmal nachgibt, wird als Soft-seller angesehen und mit immer weitergehenden Forderungen konfrontiert. Als Gegenmaßnahme hilft der Verweis, dass die Mängel bereits im Preis inbegriffen sind.

Gesamtpakete

Gesamtpakete werden geschnürt, in denen mehrere Produkte zusammengefügt werden, um einen günstigeren Preis anbieten zu können. Beispiel: „Wenn Sie zwei Tuben Zahnpasta nehmen, erhalten Sie noch eine Zahnbürste dazu und sparen 1,50 Euro." Die geringeren Einnahmen werden durch den erhöhten Warenumsatz ausgeglichen.

Streichposten

Streichposten sind vorgeschobene Verhandlungspunkte. Beispiel: Anna fordert, dass sie unbedingt im teuersten Restaurant der Stadt essen gehen möchte. Streichposten ist das teuerste Restaurant. Ihr Mann ist dagegen, dass sie soviel Geld ausgibt. Anna kämpft nun mit allen zur Verfügung stehenden Mitteln, dieses Restaurant besuchen zu dürfen. Schließlich gibt sie seufzend nach und erklärt sich mit dem gehobenen Restaurant um die Ecke einverstanden. Mit der Strategie Streichposten hat Anna ihren Partner dazu gebracht, mit ihr Essen zu gehen. Da sich die Verhandlung auf einen Nebenschauplatz verlagerte, wurde die eigentliche Forderung „Essen gehen" nicht mehr hinterfragt. Wichtig ist bei Streichposten, seine Position nicht zu schnell aufzugeben. Schließlich darf der Gesprächspartner keinesfalls merken, dass es sich um eine Strategie handelte.

Stellvertreterverhandlungen

Besonders schwierig sind Verhandlungen mit Vertretern ohne Entscheidungskompetenz. Ein Beispiel: Petra verhandelt im Bewerbungsgespräch mit der Personalreferentin über ihre Gehaltsvorstellungen. Man wird sich bald einig. Entscheidungsträger ist aber der Geschäftsführer Personal. Hat Petra Pech, muss sie mit dem Geschäftsführer erneut verhandeln. Dieser kennt aus der Vorverhandlung ihren Verhandlungsrahmen, ihre Vorgehensweise und ihre Schmerzgrenze. Er könnte Petra nach Belieben „über den Tisch ziehen". Es ist deshalb ein positives Zeichen, wenn der Geschäftsführer die Vertragsergebnisse der Vorverhandlung übernimmt. Er signalisiert damit dem Bewerber, dass er und sein Unternehmen an einer vertrauensvollen Zusammenarbeit interessiert sind.

Stellvertreterverhandlungen haben organisatorische Vorteile. Geht es zum Beispiel um einen neuen Auftrag, wäre es zeitaufwendig, wenn die Geschäftsführer an jeder Verhandlung teilnehmen würden. Daher ist es üblich, dass Stellvertreter wie z. B. Rechtsanwälte oder der Leiter Vertrieb stellvertretend die Vertragsverhandlungen führen. Die einzelnen Verhandlungsergebnisse werden intern mit den Entscheidern durchdiskutiert und Änderungen nachverhandelt. Am letzten Verhandlungstag wird das Geschäft durch die Vertragsunterzeichnung der Entscheider besiegelt.

Öffentlichkeitsdruck

Prominente beziehen gerne die Öffentlichkeit mit ein, wenn es um Scheidungsmodalitäten geht. Prominenter Fall war im Jahr 2001 die Scheidung von Boris und Barbara Becker. Barbara Becker verklagte ihren Ex-Mann im Amerika auf Unterhalt. Vor den Augen der Weltöffentlichkeit – der Prozess wurde live übertragen – musste sich Boris Becker gegen Anschuldigungen wehren. Daraufhin war er zu einer außergerichtlichen Einigung bereit. Die ursprünglich im Ehevertrag festgelegte Summe wurde dabei um ein Vielfaches überschritten.

Aber auch die Bemerkung in einer Verhandlung zwischen Arbeitnehmer und Arbeitgeber - „Mich würde interessieren, was der Betriebsrat zu dieser Vorgehensweise sagt!" - ist eine Form der Öffentlichkeitsdrucks!

Kinder, die sich im Kaufhaus auf den Boden schmeißen und schreien, um ihr Anliegen durchzubringen, nutzen ebenfalls den Öffentlichkeitsdruck.

Zeitdruck

Wer keine Zeit hat, aber ein Ergebnis haben möchte, muss sich mit mäßigen Ergebnissen zufrieden geben. Daher wird Zeitdruck gerne zur Manipulation von Verhandlungen eingesetzt. Ein Beispiel: Stellen Sie sich vor, Sie haben vor, in fünf Jahren ein Haus zu kaufen. Wenn Sie jetzt anfangen zu suchen, werden Sie sicher ein nettes günstiges Haus finden. Stellen Sie sich nun vor, Sie hätten ihre Wohnung gekündigt und hätten noch eine Woche Zeit, ein Haus zu finden. Sie werden das erste Haus nehmen, das halbwegs passt und bezahlbar ist.

Deadline

Deadline heißt wörtlich Todeslinie. Gemeint ist mit diesem Begriff eine Situation, in der einer der Verhandlungspartner nicht mehr verhandlungsfähig ist. Er ist gezwungen, jedes beliebige Angebot anzunehmen, um ein Verhandlungsergebnis präsentieren zu können. Beim Schach nennt man diese Situation Schachmatt.

Zeitdruck ist eine Deadline. Aber auch Informationen über die Denkweise oder das Wertesystem einer Person können eine Deadline bilden. Dies ist der Grund, warum in Verhandlungen mit persönlichen und inhaltlichen Informationen sehr vorsichtig umgegangen werden muss.

Ein Beispiel: Sören, 6 Jahre, steht in der Buchhandlung und spielt Computerspiele. Mittlerweile ist es 18.00 Uhr und ich weiß, dass seine Mutter befohlen hat, dass er um 18.00 Uhr zu Hause sein muss. Verhandlungsversuche („Wenn... dann...") waren bereits gescheitert. Also teile ich ihm mit, dass er jetzt mitkommen soll. Keine Reaktion. Ich werde böse. Keine Reaktion. Ich werde wütend. Keine ergiebige Reaktion („Die Mama weiß ja, dass Du dabei bist, da wird sie schon nichts sagen"). Schließlich hole ich zum Endschlag aus: „So, letzte Warnung. Wenn Du jetzt nicht mitkommst, dann gehe ich allein, und Du kannst sehen, wie Du nach Hause kommst. Und glaube ja nicht, dass die Mama das lustig findet." Antwort: „Geh doch. Aber wenn Du mich hier alleine lässt und mir passiert etwas, dann wird es Dir sehr leid tun. Und dann musst Du viel weinen."

Ich war sprachlos. Sören hatte genau die Deadline getroffen – mein Verantwortungsgefühl! Mir blieb nichts anderes übrig als zu pokern. Ich habe die Deadline mit den Worten „Ich gehe jetzt" ignoriert, habe mit einem fürchterlich schlechten Gefühl in der Magengrube das Geschäft verlassen und mich im nächsten Hauseingang versteckt, so dass ich ihn sehen konnte. Nach drei Minuten kam er angerannt. Denn es war seine Deadline, alleine nach Hause gehen zu müssen! Denn seine Mutter hätte sich garantiert auf meine Seite geschlagen. Verhandlungen führen ist immer wieder spannend!

Unfaire Strategien

Unfaire Strategien sollten möglichst nicht eingesetzt werden. Tatsache ist aber, dass diese Strategien verbreitet sind. Daher ist es wichtig, sie zu kennen, denn sind sie durchschaut, werden sie wirkungslos. Jeder einzelne muss daher überlegen, ob sich der Einsatz überhaupt lohnt.

Lügen, Betrügen, in die Ecke drängen, Verhandlungsergebnisse nicht einhalten, menschliche Schwächen gezielt ausnutzen sind dagegen Strategien, die in Verhandlungen nichts zu suchen haben. Man kann sie als „Bomben werfen" bezeichnen. Gegen derartige Strategien muss man sich vehement wehren. Wer nichts zu verbergen hat, sollte offen verhandeln können. Das Prinzip „erlaubt ist was nutzt" muss partnerschaftliches Denken mit einbeziehen.

Arbeitsanregung: Rollenspiel Verhandlung

An der Verhandlung können alle Seminarteilnehmer teilnehmen. Eine Person ist Schlichter, die anderen teilen sich in zwei Gruppen auf. Beide Gruppen bereiten sich getrennt voneinander vor. Notieren Sie sich Verhandlungspunkte, die sie nacheinander mit der Gegenpartei aushandeln werden. Denken Sie daran, zusätzliche Forderungen zu stellen, um Verhandlungsmasse zu haben. Der Schlichter hat die Aufgabe zu vermitteln und bestimmt Beginn der Verhandlung und die Sitzordnung. Die Verhandlung wird auf Video aufgezeichnet.

Die Situation:

Sie befinden sich im Festsaal einer kleinen Ortschaft. Die beteiligten Parteien bestehen aus Bauern und zugezogenen Städtern. Die Städter beschweren sich über den Kuhmist, die krähenden Hähne und die Sturheit der Bauern. Die Landwirte finden die Vorwürfe empörend und ärgern sich, dass die Städter ohne Gefühl über die Felder latschen, das Gras herunterdrücken und das Vieh erschrecken. Schlichter ist der Bürgermeister. Er schätzt die Landwirte als alteingesessene Schulfreunde, freut sich aber auch über neue Bürger, die Steuern zahlen. Es sollte auf dem Verhandlungswege ein Kompromiss gefunden werden, so dass beide Parteien in Zukunft friedlich miteinander leben können.

Auf Wunsch können die Seminarleiter den Teilnehmern weitere Forderungen zur Inspiration zuleiten.

Am Ende der Verhandlung soll jedes Mitglied der Verhandlung einzeln nacheinander in einem kurzen Statement mitteilen, ob er mit dem Ergebnis zufrieden ist und wie er seine Einschätzung begründet.

Auswertung der Übung mit Video

Die Auswertung sollte die folgenden Fragen berücksichtigen:

War es eine Verhandlung?	
Wurde die Verhandlung fair geführt?	
Welche Rolle spielte der Schlichter?	
Hat der Schlichter die Verhandlung geführt oder hat er manipuliert?	
Welche Sachinhalte hatte die Verhandlung?	
Welche Beziehung hatten die Parteien zueinander?	
Hat sich die Beziehung der Verhandlungspartner während der Verhandlung verändert? Bitte begründen Sie Ihre Aussage.	
Wurde innerhalb der Parteien im Team verhandelt? Woran macht sich Ihre Einschätzung fest?	
Welche Strategien wurden sichtbar?	
Welche Strategien hatten die Verhandlungspartner im Voraus festgelegt?	
War es möglich, sich an die Strategien zu halten?	
Wer war mit dem Ergebnis zufrieden?	
War die Einschätzung einer gelungenen oder gescheiterten Verhandlung gerechtfertigt?	
Was lief unglücklich?	
Wie hätte man es besser machen können?	
Wie haben sich die Seminarteilnehmer in der Verhandlung verhalten?	
Wer hat besonders geschickt agiert?	
Hatte die Sitzordnung Einfluss auf den Verhandlungsverlauf?	
Was ist sonst noch aufgefallen?	

Das Harvard-Konzept

Das Harvard Konzept (Fisher, Ury, Patton, 1983) ist ein Standardwerk für erfolgreiches Verhandeln und beschreibt die sieben Elemente des Verhandelns.

Die sieben Elemente des Verhandelns

1. **Menschen und Probleme getrennt voneinander behandeln**
Beziehungen und Inhalte dürfen in Verhandlungen nicht vermischt werden. Beziehungsprobleme müssen als solche besprochen werden und dürfen nicht auf Inhalte verlagert werden. Wenn sich ein Verhandlungsteilnehmer angegriffen fühlt, sollte er die Gefühle ansprechen, anstatt sich mit inhaltlichen Forderungen zu rächen. Die Trennung von Inhalt und Gefühl setzt die Bereitschaft voraus, sich in die Lage der Gesprächspartner zu versetzen, Gefühle und Emotionen der Gegenseite zu akzeptieren und eigene Gefühle zu äußern.

2. **Interessen statt Positionen verhandeln**
Positionen verbergen Interessen. Ein Beispiel: Ein Mitarbeiter vertritt vor seinem Chef die Position, dass er eine Gehaltserhöhung verdient hat. Er fordert die Gehaltserhöhung, da er sich einen höheren innerbetrieblichen Status wünscht oder weil er sich ein neues Auto kaufen möchte. Hinter einer Position können sich also unterschiedliche Interessen verbergen. Interessen lassen sich einfacher verhandeln, weil der Handlungsspielraum größer ist. Außerdem können sich hinter gegnerischen Positionen sogar ähnliche Interessen finden. Daher müssen Interessen offengelegt werden.

3. **Entscheidungsmöglichkeiten (Optionen) zum beiderseitigen Vorteil entwickeln**
Verhandeln heißt nicht, andere zu überzeugen, sondern beide Seiten besser zu stellen. Daher müssen aus den unterschiedlichen Interessen Entscheidungsmöglichkeiten (Optionen) abgeleitet werden. Eine Verhandlung kann mehrere Optionen enthalten, die alle zum gewünschten Ziel führen können. Je größer die Zahl der Wahlmöglichkeiten ist, desto höher der gemeinsame Nutzen. Es ist daher darauf zu achten, dass die Optionen nicht vorzeitig durch „die Suche nach der richtigen Lösung" eingeschränkt werden. Ein „brain-storming" kann helfen, Optionen aufzustellen.

4. Anwendung neutraler Beurteilungskriterien

Neutrale Beurteilungskriterien sind Willensentscheidungen vorzuziehen. Wer einen Sportwagen kauft, weil er ihm gefällt, sollte sich im Klaren sein, dass Urlaubsreisen mit viel Gepäck der Vergangenheit angehören. Eine neutrale Beurteilung ist die Grundlage vernünftiger Entscheidungen. Ein ausgehandelter Preis, der auf Marktwert, Verkehrswert oder Konkurrenzangeboten beruht, lässt ruhig schlafen. Objektive Kriterien sind Zahlen, Daten, Fakten, Gutachten etc. Aber auch faires Teilen oder der Rat Dritter kann Prinzipien aufbauen helfen. Wichtig ist, ohne inneren oder äußeren Druck nach Abwägung aller Informationen zu entscheiden.

5. Die „Beste Alternative"

Ist die Gegenseite übermächtig oder ist man persönlich stark in eine Sache involviert, ist es schwer, eine Verhandlung abzubrechen. Daher ist es wichtig, ein Limit zu setzen. Der Gedanke der „Besten Alternative" hilft zu überlegen, welche Lösungen sich bieten, wenn die Verhandlung scheitert. Es könnte sich herausstellen, dass Alternativen günstiger sind als das angebotene Ergebnis. Dann kann der Situationsschwache die Verhandlung verlassen. Durch die „Beste Alternative" stärkt er außerdem die eigene Position. Ein Bewerber, der ein anderes Angebot im Hintergrund hat, verkauft sich immer besser als jemand, der die Stelle braucht. Ersterer hat im Rücken die „Beste Alternative".

6. Verhandlungsjudo

Verhandlungsjudo ist eine Reaktion auf Gesprächspartner, die feilschen, sich verteidigen, diskutieren. Verhandlungsjudo bedeutet, einen direkten Kampf zu vermeiden und die Vorstöße ins Leere laufen zu lassen. Dazu gehört Fragen zu stellen, Verständnis zu signalisieren und die Macht des Schweigens zu nutzen. Erst wenn die Gegenseite sich geöffnet hat, kann sachlich weiterverhandelt werden. Eine Methode ist das Ein-Text-Verfahren. Ein Schlichter hört sich beide Seiten an und verarbeitet die Vorstellungen in einem Vertragsvorschlag. Die Empfehlungen müssen von beiden Seiten nur noch mit „ja" oder „nein" ratifiziert werden.

7. Schmutzige Tricks bekämpfen

Schmutzige Tricks sollten weder mit laissez-faire („wenn ich nichts sage, wird sich das schon geben") noch mit Rache bekämpft werden. Man sollte sich bewusst machen, dass schmutzige Tricks illegitim sind, weil sie nur von einer Seite anwendbar sind. Besser ist es, die Strategie zu thematisieren und zu hinterfragen. Anschließend können Spielregeln vereinbart werden. Beispiele:

- Absichtlichen Betrug: Gefälschte Fakten, unklare Vollmachten, zweifelhafte Absichten.

- Psychologische Kriegsführung: Drohungen.

- Druck auf Positionen: Die Weigerung zu verhandeln, extreme Forderungen, nachgeschobene Forderungen, Festlegungstaktik, dickköpfige Partner, Verzögerungstaktik, „Nehmen Sie an oder lassen Sie es bleiben".

Grundsätzlich sollte jeder hinterfragen, ob er in der Verhandlung das Opfer ist. Genauso sollte jeder überlegen, welche Wertvorstellungen er hat und welche Tricks er bereit ist anzuwenden.

Arbeitsanregung: Preisverhandlung

Für diese Übung werden drei Freiwillige gebraucht. Ein Teilnehmer ist Verkäufer, die beiden anderen sind Interessenten. Der eine Käufer bleibt vor der Tür, während die anderen beiden verhandeln. Ist das erste Gespräch beendet, wird der zweite Käufer gerufen. Ist das Objekt bis dahin nicht verkauft, findet eine zweite Runde statt. Das Objekt sollte auf jeden Fall den Besitzer wechseln. Die Käufer möchten das Objekt haben, doch ist alles eine Frage des Preises.

Das Objekt kann ein Haus oder ein Segelboot sein. Notieren Sie ein paar Einzelheiten (Vorteile und Mängel) des Objektes, welche allen Gesprächsbeteiligten zugänglich sind.

Die Beobachter sollten sich folgende Notizen machen:

Wie stellt der Verkäufer das Objekt dar?	
Welche Strategie hat Käufer 1?	
Welche Strategie hat Käufer 2?	
Ist der Verhandlungsrahmen von Käufer 1 realistisch?	
Ist der Verhandlungsrahmen von Käufer 2 realistisch?	
Wird gefeilscht? Mit welchen Mitteln?	
Wie gestaltet sich die Beziehungsebene bei Käufer 1?	
Wie gestaltet sich die Beziehungsebene bei Käufer 2?	
Wie lautet das Verhandlungsergebnis?	
Ist das Ergebnis gerechtfertigt?	
Was hat Ihnen an der Verhandlung besonders gut gefallen?	
Was lässt sich sonst noch anmerken?	

Bitte schildern Sie Ihre Eindrücke den Beteiligten.

Selbstsicher auftreten

6

6.1 Übung steigert das Selbstbewusstsein

In den bisherigen Kapiteln wurden Theorien, Modelle und Strategien für einen gelungenen Einsatz rhetorischer Kommunikation vorgestellt. Was nun fehlt, ist die Praxis.

Die beste Rhetorik nutzt nichts, wenn der Redner sich nicht traut, seinen Standpunkt darzustellen und sich an der Diskussion zu beteiligen. Um sich professionell und souverän in einem Gespräch zu präsentieren, benötigt man vor allem eins: Übung.

Wer Rhetorik wirklich lernen möchte, muss damit beginnen, sich ständig in ungewohnte Situationen zu begeben und dabei kleine Ziele zu verfolgen. Dabei kann man auch private Gelegenheiten nutzen: Die Diskussion auf einer Feier, das Engagement in einem Verein oder eine small-talk Situation.

Viele Menschen glauben, ein Rhetorikseminar oder ein paar Tricks reichen, um ein guter Redner zu werden. Das ist weit gefehlt. Rhetorisches Geschick ist das Ergebnis harten jahrelangen Trainings. Je früher man anfängt, desto früher zeigt sich der Erfolg. Nur wenige Menschen sind tatsächlich Naturbegabungen. Ob charismatischer Redner, Politiker, Führungskraft oder Gewerkschaftler, viele haben einfach nur ständig an sich gearbeitet. Ich traf einmal Annemarie Renger, ehemalige Bundestagspräsidentin. Sie wurde in meiner Anwesenheit gelobt, dass Sie so schön reden könne. „Ich mache das seit über 20 Jahren" war ihre lakonische Antwort. „Sie hätten mal meine erste Rede hören sollen."

Mit jedem Erfolg steigt auch das Selbstbewusstsein. Selbstbewusstsein heißt, sich seiner selbst bewusst zu sein und seine Stärken und Schwächen realistisch einschätzen zu können. Es steht in enger Verbindung mit Selbstvertrauen, d. h. „sich selbst vertrauen". Selbstbewusste Menschen betonen ihre Erfolge und verdrängen Misserfolge. Unsichere Menschen hingegen denken über Misserfolge nach und verdrängen Erfolge. Es ist daher wichtig, eine positive Einstellung zur eigenen Person zu bekommen. Wer sich jeden Morgen vor dem Spiegel einredet, dass er den Aufgaben gewachsen ist und bereit ist, an sich zu glauben, wird nach einer Zeit eine völlig andere Ausstrahlung auf andere Menschen haben. Frisch Verliebte fühlen sich schön und daher sind sie schön. Daher ist es wichtig, sich selbst zu motivieren.

6.2 Ins Gespräch kommen

Ins Gespräch zu kommen, kann man lernen. Es bedarf eines kleinen Rucks, danach geht es jedoch ganz einfach. Die Voraussetzung ist, dass man aufhört, sich Gedanken über die Reaktion der anderen zu machen. Kümmern Sie sich nicht um Ihren Ruf! Ihr Anliegen geht vor. Sie werden feststellen, dass anderen gar nichts an Ihnen auffällt. Es ist Ihre Angst, etwas falsch zu machen. Distanz zur eigenen Person ist also auch hier immens wichtig.

Sprechen Sie jemanden an und er lässt keine Reaktion verlauten, so ist dies kein Unglück. Keinesfalls sollten Sie die Schuld voller Selbstzweifel bei sich suchen, sondern lieber einen neuen Anlauf starten, möglicherweise mit einem anderen Gesprächspartner. Irgendjemand wird schon reagieren!

Small Talk mit Wildfremden erlernt man am besten auf Großveranstaltungen. Gute Gesprächsthemen sind: Das Essen, das Wetter, das Showprogramm, wie voll es ist oder ob jemand weiß, wo XY ist.

Ein sehr gutes Trainingsfeld sind auch Partys mit Wohnküche. Im Wohnzimmer mit der Sofagarnitur unterhalten sich meistens nur Freunde. Wenn Sie mit Fremden ins Gespräch kommen möchten, müssen Sie sich in die Küche stellen.

In **Sitzungen** oder Besprechungen ist es wichtig, möglichst früh das Wort zu ergreifen, um an der Diskussion teilzuhaben.

Manchmal hat man aber gerade nicht das passende Argument oder das sinnvolle Detailwissen parat. Um in der Diskussion aber nicht unterzugehen hilft es auch, einfach eine Frage in den Raum zu stellen. So nimmt man Sie automatisch wahr, schaut Sie an und beantwortet Ihre Frage. Damit haben Sie noch nichts Sinnvolles gesagt, aber Sie wurden auf jeden Fall schon einmal wahrgenommen. Außerdem kann es natürlich sein, dass Ihnen nun, wo Sie einen Gesprächspartner haben, auch ein Sachbeitrag einfällt. Für dieses Prozedere eignen sich ganz einfache Fragen, z.B. „Können Sie das Letzte noch einmal wiederholen? Wie meinen Sie das genau? Was hatten Sie gerade noch einmal erwähnt?"

Einfacher ist es, wenn der Gesprächsleiter eine Rednerliste führt und man aufgefordert wird. Gegen das Gefühl, jetzt nichts mehr zu sagen zu haben, hilft, sich vorher Notizen zu machen. Die genaue inhaltliche Planung des Beitrages sollte erst erfolgen, wenn der Vorredner ausgeredet hat. Man will ja schließlich etwas Neues erzählen. Es kann daher nötig werden, den Redebeitrag spontan umzukonzipieren. Die Fünfsatzmodelle können strukturierenden Halt geben, so dass das **Sprechdenken**, d.h. gleichzeitig zu planen und zu sprechen, gelingt.

So macht man's völlig falsch:

- Mit dem Beitrag so lange warten bis einem der Kragen platzt: Wenn man wie auf heißen Kohlen sitzt und dann irgendwann lospoltert, weil man den Unsinn nicht mehr aushält, der da von anderen verzapft wird - das ist zwar spontan und menschlich, macht aber eher einen schlechten Eindruck. Besser gut vorbereitet sein und direkt etwas sagen, was Hand und Fuß hat. Dort anfangen zu üben, wo man sich sicher fühlt, in den Steckenpferdfächern, in Seminaren, die richtig Spaß machen, oder dort, wo sympathische Leute sitzen.

- Blick nach unten und los geht's: Klar, wer nur die Augen auf dem Tisch hat, sieht das Stirnrunzeln im Publikum nicht. Die kritischen Gesichter. Aber er merkt auch nicht das Nicken und die Zustimmung der anderen. Besser: Blickkontakt suchen zu einer Person, von der man weiß, dass sie die gleiche Meinung hat.

- Irgendwann völlig verstummen: Jetzt brauche ich auch nichts mehr zu sagen, weil ich die vergangenen drei Sitzungen nichts gesagt habe und sowieso unter die Kategorie "verschwiegen und geheimnisvoll" falle - oder? Das ist natürlich Unsinn. Schließlich ist es auch nervig, wenn immer nur zwei, drei Leute die großen Wortführer sind und alle anderen das Schweigen der Lämmer spielen.

- Im Überschwang mitten in einen anderen Redebeitrag hineinplatzen, weil einem jetzt gerade das Passenden einfällt. Das wirkt überhastet und ist zudem unhöflich.

- Sich unter den Druck zu setzen, möglichst originell, witzig oder schlagfertig zu sein. Das Gefühl, Ihnen fällt immer erst am Abend genau das Passende ein, was Sie hätten sagen können, trügt. Sie wissen nicht, ob genau das die Situation besser gemacht hätte bzw. wie Ihr Gegenüber darauf reagiert hätte.

Austeilen unter dem Motto: Angriff ist die beste Verteidigung. Handeln Sie lieber nach dem Motto: Wer Wind sät, wird Sturm ernten.

So ist es schon viel besser:

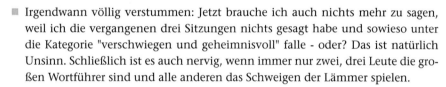

- Vorher tief durchatmen: Wichtig ist, dass die Situation gar nicht erst so ein Riesen-Gewicht bekommt und man so furchtbar aufgeregt ist. Um zu entspannen, hilft ein alter Rhetorik-Trick: Vorher tief durchatmen. Falls man im Stehen spricht: Mit beiden Beinen auf dem Boden stehen. Ansonsten: Mit geradem Rükken sitzen, dann erhält die Stimme mehr Volumen.

- Die Situation visualisieren: Wichtig ist auch, dass man sich vorher fest vornimmt, in der nächsten Besprechung mal das Wort zu ergreifen. Dazu gehört auch, sich in die Situation genau vorzustellen, sie zu visualisieren: Den Raum, die Leute, eventuell auch die Reaktion auf meinen Beitrag.

- Gut vorbereiten und in kleinen Schritten anfangen: Gute Vorbereitung ist wichtig, man will ja kein dummes Zeug reden und sich nicht blamieren. Fachlich auf das vorbereiten, was in dieser Stunde Thema sein wird. Darüber lesen und dann Fragen und Gedanken notieren, die einem dazu in den Sinn kommen. Dann ist ein entscheidender Punkt, der einen unsicher macht, verschwunden. Für den Anfang genügt es auch, wenn man noch einmal eine Frage stellt, zu dem was in der vergangenen Sitzung Thema war. So zeigt man Kompetenz und Interesse.

■ Alle Einwände und Gegenargumente, Fragen und Unterbrechungen, die auf den eigenen Beitrag folgen könnten, im Geiste vorwegnehme, bis man weiß: Ich werde mit allem fertig, ich bin der Sache absolut gewachsen. In kleinen, unwichtigen Situationen den Mund aufmachen, immer wieder üben und dann langsam steigern. Nicht schlecht für den Anfang ist die Frage: "Können Sie ein Beispiel nennen?" oder "Können Sie das noch einmal wiederholen, ich habe es nicht verstanden."

■ Das Auftreten genau timen: Auch das Timing muss stimmen, deshalb ein Zeitlimit setzen. Hat man sich einmal fest vorgenommen, sich in dieser Sitzung zu Wort zu melden, sollte man es gleich am Anfang tun. Dann ist der Druck weg und man kann den Rest der Veranstaltung gelassen angehen. Und vielleicht ergibt sich ja spontan eine Situation für eine Wortmeldung.

■ Einen Verbündeten fürs Feedback suchen: Blickkontakt, ein Anker, an dem man sich während des Sprechens vor der Gruppe festhalten kann, ist ganz wichtig. Deshalb ist es vielleicht ganz gut, sich mit jemandem abzusprechen, der einem Feedback gibt, der nickt und Verstärkung gibt, während man redet.

Arbeitsanregung: Selbstreflexion

Suchen Sie Situationen, in denen Sie nicht wussten, wie Sie reagieren sollten? Welche Strategie wurde angewendet? Was empfanden Sie als besonders unfair? Es kann sich um Situationen aus Ihrem Umfeld handeln, aber auch um Situationen, die während des Seminars aufgetreten sind.

◆ Welche Lösungen werden Sie in Zukunft anwenden? Begründen Sie Ihre Meinung:

....

....

....

6.3 Schlagfertigkeit

Schlagfertigkeit ist die Kunst, im richtigen Moment das zu sagen, was man denkt, ohne darüber nachzudenken, wie es wirkt.

Schlagfertigkeit setzt sich aus Naturtalent, Selbstbewusstsein und sorgfältiger Vorbereitung zusammen. Schlagfertige Redner haben die Gabe, blitzschnell den Worten eine Doppelbedeutung zu entnehmen und sich auf den Teil zu beziehen, den der Redner nicht gemeint hat.

Schlagfertigkeit setzt aber auch voraus, dass man keine Hemmungen hat. Mögen neun Bemerkungen nicht ankommen – wenn die zehnte von den Hörern als gut empfunden wird, ist man auf dem besten Weg, als schlagfertiger Redner zu gelten.

Es gibt verschiedene Techniken der Schlagfertigkeit, die man mit etwas Training auch in schwierigen Situationen abrufen kann. Zum Trainieren sucht man sich nur eine Technik heraus und setzt diese in allen möglichen Gelegenheiten ein. Dabei kommt es nicht so darauf an, ob Sie in dieser Situation gerade schlagfertig sein wollen, sondern eher darauf, Übung und Routine im Anwenden der Technik zu erlangen. Einige Techniken werden im Folgenden nun näher dargestellt.

Schlagfertigkeits-technik	Beschreibung	Beispiel
Nachdenker	Sie wollen nicht oder nicht jetzt antworten und vertagen den "Schlag" mit einem Standardsatz.	„Das ist eine interessante Frage, ich denke darüber nach und komme morgen darauf zurück!" "Das nehme ich mit!"
Aktives Zuhören und Nachfragen	Bei dieser sanften Technik wiederholen Sie den Angriff mit eigenen Worten und fragen nach.	„Wenn ich Sie richtig verstanden habe, dann meinen Sie, dass sich Männer auf diesem Gebiet nicht auskennen. In welchen Projekten haben Sie dies erfahren?"
Infoebene	Mit einem Standardsatz verlassen Sie die Emotionsebene und führen Ihren Gesprächspartner zur Sachebene zurück.	Antwort: „Sie möchten über meine Bluse reden, ich würde gerne die Diskussion über die Budgetverteilung weiterführen!"
Absurde Reaktion	Sie tragen einen eigenen Spruch vor, der inhaltlich in keinem Sinnzusammenhang steht.	„Vielen Dank. Mit einer Hand kann man ja auch nicht klatschen!"„

Arbeitsanregung:

Versuchen Sie einmal den Angriffen mit einer schlagfertigen Reaktion zu begegnen. Nehmen Sie sich dafür die Tabelle mit den Schlagfertigkeitstechniken zur Hilfe, suchen sich zwei Techniken aus und probieren diese zwei an den aufgeführten Angriffen aus. Danach können Sie die Übung mit zwei weiteren Techniken wiederholen.

Angriff	Ihre schlagfertige Reaktion
Auf eine Frage von Ihnen kontert der Seminarleiter: "Also eine solch' affige Frage werde ich hier nicht beantworten!"	
Ein Kunde regt sich in einem Akquisitionsgespräch auf: "Können Sie gar nicht rechnen?"	
Ein Kollege sagt zu Ihnen: "Das ist doch total langweilig und überhaupt nichts Neues!"	
Auf einem Empfang zischelt Ihnen ein Kollege zu: "Meinen Sie nicht, das sie als Frau einen Rock tragen müssten?"	
Eine Freundin sagt zu Ihnen:" Also, so wie Du dein Kind erziehst, halte ich Dich für verantwortungslos!"	
Eine Kollegin sagt zu Ihnen: "Kommen Sie eigentlich immer zu spät?"	
Sie nehmen an einer Podiumsdiskussion teil. Plötzlich macht Ihr Kontrahent eine alberne Bemerkung über Ihre Frisur. Das Publikum lacht.	
Sie nehmen an einem Vorstellungsgespräch teil. Mit einem Mal bemerkt Ihr Gegenüber: "Was benutzen Sie eigentlich für ein Parfüm?"	
"Halten Sie doch einfach den Mund!"	
Ich erzähle jemandem, dass ich in den Urlaub fahre und erhalte die Antwort: " Du musst ja Geld haben."	

6.4 Abwehr von rhetorischen Strategien

Wer spricht, verwendet Strategien. Wer zielgerichtet mit der Fünfsatztechnik argumentiert, formuliert und platziert seine Argumente strategisch günstig. Wer verhandelt, überlegt sich eine Verhandlungsstrategie. Diese Strategien sind legitim, da dem Gesprächspartner die gleichen Verhaltensweisen zustehen. Der Umgang mit derartigen Strategien wird durch rhetorische Schulung und rhetorische Praxis erworben.

Schwierig ist es, mit unfairen Strategien umzugehen. Es geht dabei um Verhaltensweisen, die bewusst und mit voller Absicht zu dem Zweck eingesetzt werden, den Gesprächspartner zu manipulieren. Sie sind nur einseitig anwendbar. Zu den unfairen Strategien gehören:

■ **Gesprächspartner unter Druck zu setzen**
Dieses Mittel soll dem Sprecher Vorteile verschaffen. Wer unter Druck gesetzt wird, sollte sich eine Pause gönnen, um die Gedanken neu zu ordnen. Gehen Sie auf die Toilette oder vertagen Sie das Gespräch. Eine Entscheidung, die unter Druck gefällt wurde, ist riskanter als der Abbruch des Gespräches. Besser Sie gehen erhobenen Hauptes, als dass Sie unter den Folgen des Gespräches noch lange leiden. Kündigen Sie Ihrem Chef oder verlassen Sie Ihren Partner, wenn Sie von diesen ständig unter Druck gesetzt werden. Überwinden Sie die Angst vor dem Neuen und gehen Sie Risiken ein. Nur so sind Veränderungen möglich. Das Neue wird immer besser sein als das Alte. Diese Erfahrung können Sie aber erst machen, wenn Sie losgelassen haben.

■ **Das Gespräch stören**
Jugendliche stören gerne den Unterricht. Menschen, die bewusst stören, leiden an einem Aufmerksamkeitsdefizit und sollten vorsichtig behandelt werden. Wenn Sie versuchen, einen Störer gewaltsam aus dem Gespräch zu drängen („verlassen Sie jetzt bitte den Saal"), werden die Fronten verhärtet und Ihre Autorität geschwächt. Gestehen Sie Störern das Rederecht zu. Lassen Sie sie ungerührt reden, entwaffen Sie sie mit Freundlichkeit und versuchen Sie, den Konflikt notfalls durch ein Zweiergespräch zu lösen.

■ **Den Gesprächspartner verletzen**
Menschen, die andere verletzen müssen, haben ein Selbstwertproblem. Das Problem liegt bei dem Angreifer, nicht bei dem Angegriffenen. Ein verletzendes Gespräch sollte so schnell und diplomatisch beendet werden, wie es geht. Sie sind schließlich kein Psychotherapeut. Zählen Sie bis zwanzig und hören Sie weg. Hauptsache ist, Sie bleiben ruhig. Jede Form der emotionalen Reaktion nützt dem Gegner und die Gefahr ist groß, dass Sie sich nicht unter Kontrolle haben. Schließlich verletzt der andere Sie bewusst. Das bedeutet, dass er sich unter Kontrolle hat und für Metakommunikation nicht zugänglich sein wird.

■ **Andere „totreden"**
Viele Menschen denken, dass diese Strategie den Sieg sichern hilft. Dies ist nicht der Fall, denn „totreden" macht die Zuhörer aggressiv. Menschen, die diese Strategie bewusst einsetzen, sollten höflich behandelt werden: Viel Geduld, Verständnis und die Ohren auf Durchzug.

■ **Provozieren**
Provokateuren kann durch konsequente Sachlichkeit und Freundlichkeit der Wind aus den Segeln genommen werden. Vorsichtig allerdings bei Cholerikern. Sie reagieren auf Sachstrategien explosiv. Hier hilft Verständnis zeigen, ohne Schuld anzunehmen bzw. Schuld zuzugeben („Reklamationsgespräch").

Drohungen

Drohungen verlieren ihren Schrecken, wenn man sich angewöhnt, die Umsetzung der Drohung einzufordern. Nur wenige Menschen machen Drohungen wirklich wahr. Die meisten Drohungen sind Bluffs, die zurückgewiesen werden können. Umgekehrt sollte man sich immer zweimal überlegen, ob und womit man droht. Schon mancher Politiker musste zurücktreten, weil er leichtfertig gedroht hatte („Wenn ich nicht die Mehrheit bekommen, trete ich zurück").

Belügen

Lügen sind schwer zu erkennen. Lässt sich eine Lüge nachweisen, kann eine Gegenargumentation das Gespräch versachlichen. Stellt man erst nach dem Gespräch fest, belogen worden zu sein, kommt es auf den Einzelfall an. Entweder man wehrt sich und reklamiert seine Ansprüche oder man hakt die Situation unter „das passiert mir nie wieder" ab und ist in Zukunft misstrauischer. Gegen Belogen werden kann man sich nicht wehren

Suggestivfragen

Suggestivfragen übergeht man oder beantwortet sie kurz und knapp mit „ja" oder „nein".

Unterbrechen

Gegen unterbrechen gibt es verschiedene Strategien: a) Man redet einfach weiter. Diese Strategie ist in geordneten Gespräch erfolgreich. Die Hörer können weiterhin aufmerksam folgen. In Kampfgesprächen kann diese Strategie jedoch zu „überschreien" führen. b) Man hört auf und versucht es später noch einmal. In emotionalen Gesprächen ist diese Strategie empfehlenswert. Sie kostet keine Kraft und der Unterbrochene kann reden, wenn ihm wieder ungeteilte Aufmerksamkeit sicher ist. c) Man sagt: „Bitte lassen Sie mich ausreden, ich bin noch nicht fertig." Dieser Satz ist wenig erfolgsversprechend. Die Formulierung des Satzes dauert lange, so dass die Höreraufmerksamkeit sinkt. Besser ist eine knappe Handbewegung, die signalisiert: „Ich bin noch nicht fertig, warte bitte!". Dann bitte zügig weiterreden und zum Ende kommen! Bedenken Sie bitte aber auch, dass Sie vielleicht nur deshalb unterbrochen werden, weil andere Menschen auch einmal reden möchten!

Grundsätzlich gilt: Unfaire Strategien mit unfairen Strategien zu vergelten ist sinnlos. Es verhärtet die Fronten und lässt ein positives Gesprächsende in weite Ferne rücken.

Hilfreich können schlagfertige Bemerkungen sein. Hier muss allerdings jede Person ihren eigenen Stil ,ihre eigenen Formulierungen entwickeln. Was bei einem humorvoll klingt, kann bei anderen zickig oder beleidigend wirken. Sie müssen daher eigene verbale Strategien erarbeiten, mit denen Sie Angriffe zurückweisen können. Übung macht den Meister!

6.5 Mit Einwänden umgehen

Einwände gibt es in fast allen kommunikativen Situationen. Sie zeigen, dass sich der Gesprächspartner mit dem Gesprächsgegenstand beschäftigt und helfen, sich reflektiert mit dem Inhalt auseinanderzusetzen. **Einwandbehandlung** kann mit Hilfe des Fünfsatzmodells **Ausschluss** erfolgen. Dabei ist zu beachten, den Einwand positiv zu widerlegen. Also nicht: Natürlich ist das Produkt preislich im oberen Segment, aber wir müssen ja auch teure Materialien zur Herstellung verwenden. Und die gute Verarbeitung kostet auch. Besser: Natürlich ist das Produkt preislich im oberen Segment. Daher können Sie sich darauf verlassen, dass die Materialien hochwertig und die Verarbeitung gut ist. Anders ausgedrückt: Es ist wichtig, bei der Einwandbehandlung Rechtfertigungen zu vermeiden.

Einwände müssen aber nicht immer widerlegt werden. Es gibt Situationen, in denen es erfolgversprechender ist, das eigene Konzept gut darzustellen und den Berufsnörgler links liegen zu lassen. Man reagiert also nicht direkt, sondern auf einer übergeordneten informativen Ebene.

Einwände während eines Vortrages sollten an das Ende des Vortrages zur anschließenden **Diskussion** zurückgestellt werden. Beruhen die Einwände dagegen auf inhaltlichen Missverständnissen, sollte erst der Hintergrund geklärt werden, um **Verstehensbarrieren** auszuschalten. Manchmal wird auf den Einwand nicht direkt reagiert, sondern der strittige Punkt auf eine Weise erörtert, dass sich die Einwände von selbst erledigen.

Die Grundhaltung gegenüber Einwänden sollte positiv sein. Wer Einwände als Angriff versteht, kann nicht adäquat reagieren. Einwände sollten als Versuch, Inhalte zu klären, verstanden werden und entsprechend positiv bearbeitet werden.

6.6 Umgang mit Killerphrasen

Killerphrasen sind Bemerkungen, die ein Gespräch verstummen lassen. Zum Beispiel: Fünf Personen führen eine Besprechung. Sie organisieren eine Veranstaltung für den folgenden Tag. Vier Besprechungsteilnehmer tragen aktiv zur Lösung des Problems bei, der fünfte sagt nichts. Nach einer Stunde steht das Ergebnis fest, die Besprechungsteilnehmer freuen sich, eine gute Lösung gefunden zu haben, da sagt der fünfte Teilnehmer: „Eure Lösung ist Quatsch. Das kriegt ihr nie durch. Das funktioniert nämlich gar nicht. Ich habe das letzte Woche ausprobiert." Das sind Killerphrasen. Von einer Sekunde auf die andere ist die Gesprächsatmosphäre zerstört.

Killerphrasen haben wie alle unfairen Strategien etwas mit der Person zu tun, die diese ausspricht. Diese Menschen sind nicht in der Lage, sich in den Prozess konstruktiv einzubringen und werten sich auf, indem sie andere angreifen.

Killerphrasen muss man ruhig zur Kenntnis nehmen. In diesem Fall habe ich gesagt „Oh, dass ist ja schade, dass Du das nicht vorher gesagt hast. Du hättest uns so dabei geholfen. Was genau ist denn letzte Woche geschehen?" Die Situation wurde dadurch entschärft. Die anderen Gesprächsteilnehmer hätten ihn dagegen am liebsten angegriffen. („Du ..., wieso sagst Du so was? Du hast den ganzen Tag nichts gesagt, da kannst Du jetzt auch den Mund halten...")). Da Killerphrasen Angriffe provozieren sollen, muss diese Strategie unbedingt vermieden werden.

Es gibt aber auch Menschen, die sind so undiplomatisch und so ungeschickt im Umgang mit anderen, dass sie ständig Killerphrasen (unbewusst!) produzieren. Sie sind der Schrecken jeder Gesellschaft, zumal sie ihr Verhalten völlig normal finden. Hier kann nur im Zweiergespräch vorsichtig eine Lösung angestrebt werden, doch sind diese Menschen oft nicht kritikfähig. Man kann nur hoffen, dass sie in einem Rhetorikseminar auf ihr Verhalten aufmerksam gemacht werden. Auch hier gilt: Ruhe bewahren, freundlich bleiben und das Gespräch auf der Sachebene weiterführen. Die ideale Antwort gibt es nicht.

Arbeitsanregung: Killerphrasen

Notieren Sie sich drei Killerphrasen. Kennen Sie Personen, die ständig mit Killerphrasen um sich werfen? Wie würden Sie diese Menschen beschreiben? Diskutieren Sie anschließend mit den Seminarteilnehmern, wie man mit derartigen Killerphrasen umgehen kann.

Killerphrase/Personen	Geeignete Reaktion

Ebenfalls im Verlag erschienen

**Xpert Personal
Business Skills**

Titel	Preis (inkl. USt.)	ISBN/Bestellnr.
Wirksam vortragen - Rhetorik 1	15,95 €	978-3-86718-**080**-1
Erfolgreich verhandeln - Rhetorik 2	15,95 €	978-3-86718-**081**-8
Zeit optimal nutzen - Zeitmanagement	15,95 €	978-3-86718-**082**-5
Erfolgreich verkaufen - Verkaufstraining	15,95 €	978-3-86718-**083**-2
Projekte realisieren - Projektmanagement	15,95 €	978-3-86718-**084**-9
Konflikte lösen - Konfliktmanagement	15,95 €	978-3-86718-**085**-6
Erfolgreich moderieren - Moderationstraining	15,95 €	978-3-86718-**086**-3
Probleme lösen und Ideen entwickeln	15,95 €	978-3-86718-**087**-0
Kompetent entscheiden und verantwortungsbewusst handeln	15,95 €	978-3-86718-**088**-7
Teamentwicklung	15,95 €	978-3-86718-**089**-4
Overhead-Folien und Bildschirmshows	15,95 €	978-3-86718-**090**-0
Präsentationen gekonnt durchführen	15,95 €	978-3-86718-**091**-7

Zeit optimal nutzen - Zeitmanagement

"Es ist nicht zu wenig Zeit, die wir haben", so der Philosoph Seneca, "sondern es ist viel Zeit, die wir nicht nutzen." Dieser Band zeigt Ihnen, wie man Zeit am Arbeitsplatz und im Privatleben richtig nutzt. Er stellt effektive Hilfsmittel für Sie als Zeitmanager vor und gibt Ihnen konkrete Hinweise zur Gestaltung zeitökonomischer Umgebungen und Abläufe.

- ■ Zeitmanagement und Erfolg

- ■ Selbstbestimmung - Fremdbestimmung

- ■ Lässt sich durch Zeitmanagement Zeit sparen?

- ■ Zielorientiertes und prozessoptimiertes Handeln

- ■ Vorteile einer guten Zielformulierung

- ■ Entscheidugen treffen - Prioritäten setzen

- ■ Zeitplanung mit den richtigen Instrumenten

- ■ Zeitfresser erkennen und gezielt entgegenwirken

- ■ Umsetzung des geplanten Zeitmanagements

Xpert Culture Communikation Skills

Titel	Preis (inkl. USt.)	ISBN/Bestellnr.
Interkulturelle Kompetenz	19,95 €	978-3-86718-**200**-3
Cross-cultural competence (englischsprachige Ausgabe)	21,95 €	978-3-86718-**201**-0
Leben und Arbeiten in Deutschland	11,95 €	978-3-86718-**202**-7

Leben und Arbeiten in Deutschland

Dieses Buch vermittelt die wichtigsten Besonderheiten der deutschen Alltagskultur und Arbeitswelt. Erfahrungen von Ausländern, die in Deutschland leben, werden in anschaulichen Beispielen und Geschichten dargestellt und erlebbar gemacht. Das Buch eignet sich für Migranten in Ausbildung oder Beruf und für diejenigen, die sich auf einen Deutschland-Aufenthalt vorbereiten.

Es werden typisch deutsche Eigenarten und Umgangsformen des Alltags erklärt und aus der Sicht verschiedener Kulturen beleuchtet:

- Zeit und Zeitplanung
- Themen und Tabus in der Kommunikation
- Direkte und indirekte Kommunikation
- Die Rolle von Männern und Frauen
- Ich oder Wir? Individualismus und Kollektivismus
- Macht und Hierarchie
- Erziehung und Umgang mit Kindern

Sprachniveau A2

Büroorganisation

Titel	Preis (inkl. USt.)	ISBN/Bestellnr.
Büroorganisation und Arbeitsoptimierung (HardCover-Ausgabe)	34,80 €	978-3-86718-**400**-7
Büroorganisation (SoftCover-Ausgabe)	27,80 €	978-3-86718-**402**-1
LOTUS NOTES- und IT-Anwendungen	9,95 €	978-3-86718-**401**-4

Büroorganisation

Dieses Praxishandbuch zeigt Ihnen:

- wie Sie mit der Arbeitsmethode 4C Ihre Arbeit in Sekretariat und Büro effizient und effektiv organisieren,
- wie Sie Ihren Arbeitsplatz optimal ausstatten und Ihre Büroarbeit durch einfache Tricks verbessern,
- wie Sie schnell, sicher und souverän per Telefon, Fax, E-Mail und Brief kommunizieren und Termine professionell managen und
- wie Sie Events und Dienstreisen professionell planen und durchführen.

Darüber hinaus gibt dieses Praxishandbuch Einblicke in wichtige Zusammenhänge und Begriffe der Betriebswirtschaft, des Controllings und der Verhaltenspsychologie und stellt die wichtigsten Managementinstrumente vor.

Xpert Business

Titel	Preis (inkl. USt.)	ISBN/Bestellnr.
Finanzbuchführung 1	22,95 €	978-3-86718-**500**-4
Finanzbuchführung 1 - Übungen und Musterklausuren	22,95 €	978-3-86718-**550**-9
Finanzbuchführung 2	22,95 €	978-3-86718-**501**-1
Finanzbuchführung 2 - Übungen und Musterklausuren	22,95 €	978-3-86718-**551**-6
Finanzbuchführung mit Lexware	22,95 €	978-3-86718-**502**-8
Finanzbuchführung mit DATEV (inkl. Teilnehmer-CD)	22,95 €	978-3-86718-**592**-9
Finanzbuchführung mit DATEV - Dozenten CD	kostenfrei	978-3-86718-**593**-6
NEU Intensivkurs Finanzbuchführung - Betriebl. Übungsfallstudie	16,95 €	978-3-86718-**594**-3
NEU Up-To-Date 2011 - Finanzbuchhaltung	9,95 €	978-3-86718-**001**-6
VORBESTELLUNG Up-To-Date 2012 - Finanzbuchhaltung	9,95 €	978-3-86718-**003**-0
Lohn und Gehalt 1	22,95 €	978-3-86718-**503**-5
Lohn und Gehalt 1 - Übungen und Musterklausuren	22,95 €	978-3-86718-**553**-0
Lohn und Gehalt 2	22,95 €	978-3-86718-**504**-2
Lohn und Gehalt 2 - Übungen und Musterklausuren	22,95 €	978-3-86718-**554**-7
Lohn und Gehalt mit Lexware	22,95 €	978-3-86718-**505**-9
Lohn und Gehalt mit DATEV (inkl. Teilnehmer-CD)	22,95 €	978-3-86718-**595**-0
Lohn und Gehalt mit DATEV - Dozenten CD	kostenfrei	978-3-86718-**596**-7
NEU Up-To-Date 2011 - Lohn und Gehalt	9,95 €	978-3-86718-**002**-3
VORBESTELLUNG Up-To-Date 2012 - Lohn und Gehalt	9,95 €	978-3-86718-**004**-7
Kosten- und Leistungsrechnung	22,95 €	978-3-86718-**511**-0
Kosten- und Leistungsrechnung - Übungen und Musterklausuren	16,95 €	978-3-86718-**561**-5
Controlling	22,95 €	978-3-86718-**508**-0
Controlling - Übungen und Musterklausuren	22,95 €	978-3-86718-**558**-5
Bilanzierung	22,95 €	978-3-86718-**507**-3
Bilanzierung - Übungen und Musterklausuren	22,95 €	978-3-86718-**557**-8
Steuerrecht	22,95 €	978-3-86718-**506**-6
Steuerrecht - Übungen und Musterklausuren	16,95 €	978-3-86718-**556**-1
Finanzwirtschaft	22,95 €	978-3-86718-**510**-3
Finanzwirtschaft - Übungen und Musterklausuren	22,95 €	978-3-86718-**560**-8

Up-To-Date

Bleiben Sie auch weiterhin auf dem Laufenden. Die Up-To-Date-Broschüren Finanzbuchhaltung und Lohn und Gehalt informieren Sie jährlich über aktuelle Gesetzesänderungen. Alle wichtigen Rechtsstandsänderungen sind übersichtlich zusammengestellt und anhand von Beispielen erklärt.

▪ Sichern Sie sich bereits jetzt die Broschüre **Up-To-Date 2012 - Finanzbuchhaltung** und **Lohn und Gehalt** per Vorbestellung.

Xpert Business WirtschaftsWissen

Titel	Preis (inkl. USt.)	ISBN/Bestellnr.
Systeme und Funktionen der Wirtschaft	11,95 €	978-3-86718-**600**-1
Wirtschafts- und Vertragsrecht	11,95 €	978-3-86718-**601**-8
Unternehmensorganisation und -führung	11,95 €	978-3-86718-**602**-5
Produktion, Materialwirtschaft und Qualitätsmanagement	11,95 €	978-3-86718-**603**-2
Finanzen und Steuern	11,95 €	978-3-86718-**604**-9
Marketing und Vertrieb	11,95 €	978-3-86718-**605**-6
Personal- und Arbeitsrecht	11,95 €	978-3-86718-**606**-3
Rechnungswesen und Kostenrechnung	11,95 €	978-3-86718-**607**-0
WirtschaftsWissen - kompakt	22,95 €	978-3-86718-**611**-7
WirtschaftsWissen für Existenzgründer	29,95 €	978-3-86718-**612**-4

EDV

Titel	Preis (inkl. USt.)	ISBN/Bestellnr.
Grundlagen der EDV XP	13,95 €	978-3-86718-**310**-9
Windows XP	13,95 €	978-3-86718-**318**-5
PC-Starter - Version für Windows 7	13,95 €	978-3-86718-**340**-6
Grundlagen Internet XP	13,95 €	978-3-86718-**311**-6
Textverarbeitung XP	13,95 €	978-3-86718-**312**-3
Textverarbeitung 2003	13,95 €	978-3-86718-**332**-1
Textverarbeitung 2007	13,95 €	978-3-86718-**341**-3
Tabellenkalkulation XP	13,95 €	978-3-86718-**313**-0
Tabellenkalkulation 2003	13,95 €	978-3-86718-**333**-8
Tabellenkalkulation 2007	13,95 €	978-3-86718-**342**-0
Datenbanken XP	13,95 €	978-3-86718-**314**-7
Datenbanken 2007	13,95 €	978-3-86718-**343**-7

Konditionen und Bestellservice

Bestellservice und Kundenservice

Ob es um Fragen zu unseren Produkten, zu einer Lieferung oder um aktuelle Informationen geht, unser Kundenservice ist gern für Sie da. Sie werden von Ihrem persönlichen Kundenbetreuer individuell beraten oder mit dem Experten für die jeweiligen inhaltlichen Fragen verbunden.

- ☑ Online: www.edumedia.de
  Bestellen Sie zu jeder Tages- und Nachtzeit. Zeitunabhängig und zuverlässig.

- ☑ Telefon-Hotline: 05031 - 909800
  Treffen Sie individuelle Absprachen mit Ihrem persönlichen Kundenbetreuer. Wir sind flexibel!

- ☑ Fax: 05031 - 909801
  Nutzen Sie das beiliegende Faxformular.

- ☑ E-Mail: info@edumedia.de
  Bestellen Sie bequem und zeitunabhängig.

Bestellformular

(auch per Fax an 05031 - 90 98 01)

Zu Händen: Frau Karola Macholdt

Ich bestelle:

Anzahl	Titel	Bestellnummer / ISBN

	Rechnungsanschrift	Lieferanschrift
Institut		
Straße		
PLZ / Ort		
Ansprechpartner		
Telefon		
E-Mail		
Kundennummer		

☐ Ich habe die Allgemeinen Geschäftsbedingungen der EduMedia GmbH zur Kenntnis genommen und stimme diesen zu. (Die AGB finden Sie in unserem aktuellen Katalog oder auf der Website www.edumedia.de)

EduMedia-Kundenservice:

Logistikzentrum	**Kundenservice**	**E-Mail/Web**
Ziegelhüttenweg 4	Telefon: 05031 - 90 98 00	info@edumedia.de
98693 Ilmenau	Fax: 05031 - 90 98 01	www.edumedia.de

Unsere Lieferbedingungen

Lieferungen erfolgen bei 1 Exemplar als Büchersendung mit einer Versandkostenpauschale von 3,00 Euro (inkl. MwSt), ab 2 Exemplaren erfolgt die Lieferung als versichertes Paket.

Weitere Informationen zu unseren Lieferbedingungen erfahren Sie unter: www.edumedia.de/lieferbedingungen

Widerrufsbelehrung

Widerrufsrecht

Sind Sie Verbraucher und haben Sie mit der EduMedia GmbH einen Vertrag unter ausschließlicher Verwendung von Fernkommunikationsmitteln, insbesondere per Telefon, E-Mail oder Telefax oder über den EduMedia-Online-Shop (Warenkorb) geschlossen, können Sie Ihre Vertragserklärung innerhalb von 14 Tagen ohne Angabe von Gründen in Textform (z.B. Brief, Fax, E-Mail) oder - wenn Ihnen die Sache vor Fristablauf überlassen wird - durch Rücksendung der Sache widerrufen. Die Frist beginnt nach Erhalt dieser Belehrung in Textform, jedoch nicht vor Eingang der Sache beim Empfänger und auch nicht vor Erfüllung unserer Informationspflichten gemäß Art 246 § 2 EGBGB in Verbindung mit § 1 Abs. 1 und 2 EGBGB sowie unserer Pflichten gemäß § 312e Abs. 1 Satz 1 BGB in Verbindung mit Art. 246 § 3 EGBGB. Zur Wahrung der Widerrufsfrist genügt die rechtzeitige Absendung des Widerrufs oder der Sache.

Der Widerruf sowohl durch Rücksendung der Sache als auch per Brief ist zu richten an:

EduMedia GmbH
Ziegelhüttenweg 4   oder per Fax an: 05031 - 90 98 01
98693 Ilmenau   oder per E-Mail an: info@edumedia.de

Widerrufsfolgen

Im Falle eines wirksamen Widerrufs sind die beiderseits empfangenen Leistungen zurückzugewähren und ggfs. von uns gezogene Nutzungen (z. B. Zinsen) herauszugeben. Können Sie uns die empfangene Leistung ganz oder teilweise nicht oder nur in verschlechtertem Zustand zurückgewähren, müssen Sie uns insoweit ggfs. Wertersatz leisten. Bei der Überlassung von Sachen gilt dies nicht, wenn die Verschlechterung der Sache ausschließlich auf deren Prüfung - wie sie Ihnen etwa in einem Ladengeschäft möglich gewesen wäre - zurückzuführen ist. Für eine durch die bestimmungsgemäße Ingebrauchnahme der Sache entstandene Verschlechterung müssen Sie keinen Wertersatz leisten.

Rücksendung

Für Rücksendungen stimmen Sie sich bitte telefonisch oder per Mail mit unserem Kundenservice (s.o.) ab. Paketversandfähige Sachen sind auf unsere Gefahr zurückzusenden. Sie haben die Kosten der Rücksendung zu tragen, wenn die gelieferte Sache der bestellten Sache entspricht und wenn der Preis der zurückzusendenden Sache einen Betrag von 40 Euro nicht übersteigt oder wenn Sie bei einem höheren Preis der Sache zum Zeitpunkt des Widerrufs noch nicht die Gegenleistung oder eine vertraglich vereinbarte Teilzahlung erbracht haben. Anderenfalls ist die Rücksendung für Sie kostenfrei. Nicht paketversandfähige Sachen werden bei Ihnen abgeholt. Verpflichtungen zur Erstattung von Zahlungen müssen innerhalb von 30 Tagen erfüllt werden. Die Frist beginnt für Sie mit der Absendung Ihrer Widerrufserklärung oder der Sache, für uns mit deren Empfang.